Andrew Ferguson

CRIANDO ABUNDÂNCIA

Como Trazer Realização e Prosperidade para a sua Vida

Tradução
CLAUDIA GERPE DUARTE

EDITORA CULTRIX
São Paulo

Título do original:
Creating Abundance
How to Bring Wealth and Fulfilment Into Your Life

Sua vida muda qdo você para de se conformar c/a situação
Quando vc ver alguém prosperar
pergunte o que você fez? o que faz
Copie pessoas de sucesso, não
pessoas medíocres.

Edição	Ano
1-2-3-4-5-6-7-8-9	95-96-97-98-99

Impresso em nossas oficinas gráficas.

Sumário

1

A Idade da Abundância

A Idade da Abundância é um sentimento, um sistema de crenças, um estado alterado de consciência. Não é uma Idade de Ouro Perdida, tampouco uma Nova Era que acaba de chegar. Ela sempre existiu e sempre existirá. O que é preciso fazer é reconhecer o fato e então teremos ingressado nessa era.

Muitos caminhos nos levam à Idade da Abundância. Poderíamos tê-la descoberto durante a Era Industrial. Este certamente era o pensamento dos seus fundadores, pois estavam motivados pela perspectiva de uma participação igual para todos e do fim da exploração e da doença. Mas o sonho se deteriorou. Agora, mesmo com a recessão e o colapso no Norte, e a devastação no Sul, ainda é possível ingressar na Idade da Abundância. Deixamos de aprender a lição e reconhecer nossa abundância durante os anos de prosperidade. Estamos tendo agora uma última oportunidade, a de descobri-la durante um declínio econômico. Paradoxalmente, é mais fácil nos aproximarmos da abundância nas épocas de escassez do que durante um grande desenvolvimento artificial e de curta duração.

O DINHEIRO ESTÁ MORTO: SALVE A ABUNDÂNCIA

Nem dinheiro nem prosperidade bastam para gerar abundância. Sabemos disso. Já fizemos essa tentativa antes. No Ocidente, criamos e acumulamos grandes riquezas, o que apenas gerou o medo de perdê-las e o desejo de mais riquezas, mais conquistas e de um maior crescimento à custa de terceiros. Entretanto, nem mesmo os vencedores, os mais bem-sucedidos segundo os antigos padrões, parecem ter descoberto um sentimento de abundância ou de realização, pois continuam tentando conseguir cada vez mais.

Os antigos métodos de vitória trazem consigo um alto preço — a perda da autenticidade e da liberdade, a transgressão dos nossos valores, deixar de fazer o que realmente queremos, sem nunca realmente viver. No final, talvez encontremos a riqueza, mas raramente alcançaremos mais que uma felicidade superficial. À medida que os tempos ficam mais difíceis, torna-se cada vez mais árduo conquistar até mesmo essas recompensas superficiais e cada vez menos pessoas o conseguem, ou acham que podem consegui-lo. Desse modo, um número cada vez maior de pessoas vem questionando se é válido fazer concessões. Ser aquilo que não somos não funciona: por que não tentar ser nós mesmos? À medida que a perspectiva da riqueza diminui, a relutância em abandonar o caminho tradicional e adotar uma abordagem mais real diante da vida também desaparece. O final de uma falsa prosperidade marca o início do caminho da abundância, no qual apreciamos o que temos, valorizamos a vida, nos preocupamos com o que acreditamos e buscamos a felicidade.

Os tempos difíceis nos ajudam a descobrir a abundância. Um emprego já não é garantia de um rendimento adequado. Uma casa poderá valer menos do que o que pagamos por ela. Uma pilha de dinheiro poderá perder o valor da noite para o dia. Sem uma crença na abundância, só poderá haver desespero. E agora que os antigos símbolos de segurança que nos aprisionavam deixaram de ter valor, nossa busca em outras áreas tende a se intensificar. É chegada a hora de ingressarmos na Idade da Abundância.

SAINDO DO QUARTO DE BRINQUEDOS

A porta está entreaberta. Na verdade, ela já está assim há muito tempo. Mas temos tido tantas outras preocupações, que ultrapassar esses limites não foi uma prioridade. Além disso, também é um pouco assustador. De vez em quando alguém se afastou, se esgueirou pela porta... e nunca mais foi visto. É muito mais seguro aqui, e, de qualquer modo, há muito o que fazer.

Fizemos realmente algum progresso nesse período. No início tudo era muito rudimentar. Apenas quatro paredes e uma lâmpada no teto. Uma mobília simples, tijolos e outros materiais com que brincar. Aos poucos, nos tornamos mais sofisticados. Nossos brinquedos são realmente engenhosos, até mesmo práticos. Podemos fazer mais com o que já temos. E podemos fazer transações e inventar novas táticas para conseguir um pouco mais, o que é divertido.

Sim. Sem dúvida, o quarto de brinquedos é um lugar formidável. Ele apenas está um pouco em desordem. E alguns de nós têm a incômoda sensação de que não entendem absolutamente nada. Ou, na melhor das hipóteses, de que existe algo além do que percebem.

A porta está entreaberta. Era fácil deixar de perceber porque havia muitas caixas e objetos empilhados contra ela. Mas abriram um caminho e empurraram a porta. O que está lá fora é impressionante. E pensar que temos vivido o tempo todo no meio disso tudo!

A REDESCOBERTA

Com o correr dos séculos, a humanidade deu muitos passos à frente. Para ser mais preciso, alguns saltaram à frente, enquanto a maioria ofereceu resistência ou desprezou o fato, e alguns embarcaram depois, gradualmente.

Os exploradores nos conduziram por todo o planeta, e no início havia o medo de que eles caíssem na borda da Terra e fossem devorados por monstros. Voamos pelo espaço e perscrutamos as profundezas dos oceanos. Nosso entendimento cresceu incomensuravelmente, embora nem sempre de forma suave. Galileu foi considerado herege por sugerir que a Terra girava ao redor do Sol — algo que os filósofos gregos e romanos já haviam percebido séculos antes. E a antiga Sociedade da Terra Plana tinha (e provavelmente ainda tem!) seus leais seguidores.

A ciência também fez descobertas extraordinárias. E a filosofia, que deu origem à ciência, se esforça por nos conduzir a níveis mais profundos de entendimento — à natureza da existência, da moralidade e do significado. Existe sempre uma resistência no que diz respeito a abandonar as antigas e arraigadas maneiras de pensar e de fazer as coisas. Aos poucos, o assunto começa a ser incluído nas conversas cotidianas. Cada nova descoberta é tida por nós como extraordinária, mas tudo o que descobrimos já estava presente. O nosso aprendizado é sempre uma redescoberta ou, como disse Platão há 2.000 anos, um processo de recordação dirigida.

O mesmo ocorre com a abundância. Ela sempre existiu.

A sociedade humana antecipou uma Idade de Ouro durante milhares de anos. Os gregos até mesmo acharam que a haviam vivenciado, se bem que em grande parte em retrospecto. Quanto ao mais, parecemos considerá-la um ideal a ser atingido. Ela está sempre logo depois da esquina, subindo a encosta. Costumamos supor que a abundância está em algum outro lugar, e que precisamos viajar e transpor obstáculos para alcançá-la. Temos de fazer concessões, trabalhar muito e cobrar cada vez mais.

Agora, como em muitos dos antigos mitos, começamos a compreender que não precisamos procurar o pote de ouro em terras distantes: ele estava em casa, debaixo da cama, o tempo todo.

INTRODUZINDO A ABUNDÂNCIA

Este livro representa uma tentativa de preparar o terreno para uma atitude e uma abordagem totalmente novas diante do dinheiro, da riqueza, do uso de recursos e da abundância. Já há algum tempo um número crescente de pessoas vem avançando na direção dessa nova realidade. Resumiremos e reconheceremos parte desse trabalho, ao mesmo tempo que explicaremos como e onde ele deixa a desejar. Examinaremos então o que é possível aperfeiçoar, bem como os desvios que se insinuaram e que, depois de terem sido experimentados, podem agora ser liberados.

O Capítulo 1 mostra como duas correntes fundamentais da existência humana sofreram uma polarização, como e por que essas polaridades estão sendo equilibradas agora, e que vantagens podem ser alcançadas com esse processo.

O Capítulo 2 prossegue com uma avaliação da maneira pela qual o dinheiro veio a ser usado como uma linha de demarcação entre dois mundos. A forma pela qual nós, enquanto indivíduos, interagimos com o dinheiro expressa claramente até que ponto estamos transpondo o hiato entre os antigos e os novos paradigmas. Neste ponto do livro, estarão em evidência as atitudes antigas e distorcidas.

A História do Autor é narrada no Capítulo 3, uma vez que sua experiência pessoal pode nos ser extremamente útil. O Capítulo 4 completa então o resumo de como alcançamos esse ponto de transformação. Ele prepara o terreno para os cinco capítulos seguintes, nos quais é especificado o que representa mergulhar na abundância em vez de na mera prosperidade.

O Capítulo 5 examina a resistência à mudança e nos ajuda a deixar de impedir o nosso próprio caminho. E o Capítulo 6 descreve *criteriosamente* o conceito familiar, porém desgastado, de que criamos a nossa própria realidade. Este conceito tem sido exageradamente simplificado e você o verá aqui submetido a uma qualificação mais rigorosa do que a usual. O resultado é uma ferramenta que atua positivamente, em vez de como uma desculpa ou um flagelo.

O Capítulo 7 introduz o Modelo de Sete Níveis mostrando sua relação com o processo de ingressar na abundância. Esse modelo é a base da maior parte do trabalho que está sendo realizado pelo Breakthrough Centre, integrando o trabalho e o crescimento pessoal. O Capítulo 9 também usa esse modelo como uma estrutura para criar um plano prático de ação para você mesmo. O Capítulo 8 mostra como viver no espaço abundante entre o antigo e o novo. Este é um lugar sutil, muitas vezes paradoxal, livre de dogmas cômodos porém debilitantes, e que requer uma sincronização e um equilíbrio instantâneos.

Grande parte da minha experiência provém do trabalho autônomo — habilitando outras pessoas e também através da experiência direta. O trabalho autônomo é um contexto maravilhoso no qual podemos praticar e fazer experiências com abundância e confiança. O Capítulo 10 examina as questões relacionadas com o trabalho por conta própria e com o mundo dos negócios em geral.

O Posfácio insere todo esse trabalho num contexto planetário, porque, quando trabalhamos com a abundância, trabalhamos com o planeta e também a favor dele. E o que é melhor para nós na Idade da Abundância, também é melhor para o planeta. Você poderá então ver seus esforços se estenderem, além dos limites de sua experiência pessoal, em direção ao planeta. Sob esse importante aspecto, este é um livro ecológico. A abundância e a condição de guardião do planeta, assim como a caridade, começam em casa.

Este é o nosso rumo e agora precisamos voltar e examinar a situação presente e por que as coisas chegaram a um ponto crítico nos dias de hoje.

O NOVO MILÊNIO

À medida que nos aproximamos de um novo milênio, a maioria das atitudes que prevaleceram durante o último ou os dois últimos milênios precisam ser gradativamente revistas. Os aniversários e a época do Ano Novo são ocasiões naturais de retrospecção, e bem mais importantes e respeitados do que as retrospectos semanais ou mensais. O início da adolescência, os 21 anos, o aniversário mágico dos 40 são marcos fundamentais na progressão da vida. O aniversário de 100 anos faz jus a um telegrama da Rainha da Inglaterra. É natural, portanto, refletirmos a respeito da passagem de um século para outro, e mais ainda quando o novo século também é um novo milênio.

Sempre que nos concentramos em algo, numa nova direção, no nosso futuro, em novas prioridades, colocamos alguma coisa em movimento. Basta desejarmos uma nova *mountain bike* e, de repente, o mundo fica cheio delas. Elas sempre estiveram presentes, apenas a nossa atenção não estava voltada para elas. Tudo aquilo em que nos concentramos adquire contornos mais nítidos e invade a nossa consciência. Quanto maior o número de pessoas que pensam de uma determinada maneira e compartilham suas idéias com os outros, mais intensa é a ênfase coletiva. Desse modo, quando, no final de um milênio, muitas pessoas refletem a respeito de onde chegamos e contemplam um futuro positivo, uma importante mudança tem lugar na consciência coletiva. E essa mudança, por sua vez, atrai a atenção e faz com que outras pessoas passem a refletir sobre o mesmo tema.

Por conseguinte, é absolutamente natural que o ímpeto para uma importante mudança esteja se acelerando à medida que o ano 2001 se aproxima.

Não existe nenhuma garantia de que a mudança seja mais urgente agora do que o era há vinte ou sessenta anos. Com efeito, se a humanidade houvesse reconhecido a seriedade do seu impacto sobre o planeta (e sobre ela própria) há vinte ou sessenta anos, poderíamos estar agora diante de questões bem diferentes, mas mesmo assim estaríamos contemplando alguma coisa. É claro que algo não está funcionando agora. Mas algo não estava funcionando há vinte e há sessenta anos. A diferença é que a nossa ênfase está nisso agora, e a nossa falta de ênfase anterior agravou seriamente a situação que enfrentamos agora.

UM RAIO DE ESPERANÇA

À medida que o novo milênio se aproxima, percebemos que as coisas estão claramente se desintegrando. Talvez as coisas *sempre* pareceram estar se desintegrando aos olhos de seus contemporâneos. Talvez devêssemos simplesmente dar de ombros e nos afastar. Ou então pegar o touro à unha e dizer: "Basta! Já suportei o suficiente!" Esta é a perspectiva na qual se baseia este livro.

Sem ficarmos excessivamente deprimidos permitindo que as nossas atitudes negativas contribuam para o atual pessimismo, avaliemos ao mesmo o que está acontecendo no momento reconhecendo as diferentes opiniões e para onde elas estão nos levando. Fingir que nada está errado, deixar de dar atenção aos nossos temores, reprimir os nossos sentimentos de raiva, desalento ou desesperança não é a solução. Tampouco o é culpar os outros pela confusão na qual visivelmente nos encontramos. Somos responsáveis, mesmo que a atual situação tenha resultado das ações daqueles que estão no poder. Com toda probabilidade tivemos mais de uma desculpa há duzentos anos quando do início da loucura da era industrial. Naquela época, o poder se encontrava nas mãos de uma minúscula oligarquia. Mas ao lado (e não por causa) do processo de industrialização floresceu um movimento que estimula o crescimento pessoal, a liberdade e a individualização.

Em decorrência disso, não temos mais desculpas. O direito da autodeterminação foi arduamente conquistado. Um último empurrão poderá resolver o problema, em especial quando as antigas maneiras de pensar estão tão fracas e ineficientes. A batalha vem sendo travada agora nas nossas condições. Não é como uma guerra na qual a força está certa. Suas armas não são compreendidas pelo inimigo e não estão disponíveis para ele. As armas da liberdade pessoal, da consciência positiva e da vulnerabilidade são imunes a manobras de poder e a subornos financeiros. Temos, portanto, os recursos para assumir o controle à medida que o antigo sistema definha.

É claro que "o antigo sistema" não é tão velho. Ele está mais obsoleto do que velho. Grande parte do "novo" pensamento que vem se manifestando agora data de uma época anterior à era industrial e até mesma à era cristã. A nossa consciência e a nossa percepção é que são novas. O resto é tão velho quanto as montanhas.

O QUE NÃO DEU CERTO?

No início, por causa da nossa submissão decorrente da autopreservação, e, a seguir, gradualmente devido à nossa conivência que visava o benefício próprio, a oligarquia se concentrava no poder e na acumulação do dinheiro, independentemente das conseqüências e do impacto sobre as outras pessoas.

Parte desse impacto foi, sem dúvida, benéfico. A nossa vida é mais confortável e cômoda. Temos a oportunidade de viajar e de nos comunicar em maior escala. O nosso mundo se abriu e somos poupados de grande parte da dor e da angústia do passado. Lembro-me desse fato todas as vezes que vou ao dentista!

Mas o custo disso tudo foi muito alto. Grande parte da exploração continua, apenas de uma forma diferente. A natureza foi espoliada. A poluição é cada vez maior. O crescimento populacional está fora de controle; e embora selecionemos tudo o mais, não parecemos preparados para controlar a nós mesmos. As viagens e as comunicações nos mostram os horrores da fome e do desflorestamento, criados pela nossa ganância e acumulação de riquezas... isso se nos dermos ao trabalho de olhar. O desenvolvimento industrial está fora de controle porque insistimos em tentar alcançar os mesmos objetivos num incessante círculo vicioso. Os políticos de todo o mundo, em nosso nome, estão perdendo a batalha para superar os problemas causados por esse excesso de concentração no poder e no desenvolvimento.

Após encorajar a ganância por meio do seu exemplo e dos seus sistemas de valores, os políticos vêem-se agora incapazes de cumprir o sonho ou a promessa. Sua máquina começa a ficar sem vapor. Ela confiou no aumento do consumo e no crescimento pelo bem do crescimento. Mas o crescimento que supera determinado ponto sempre acontece às custas de alguma outra coisa. E este ponto foi transposto.

Alcançou-se o desenvolvimento às custas de outros países que foram desconsideradamente depenados, às custas de vários grupos sociais no decorrer desses dois últimos milênios. O processo atingiu o ápice na pura ganância da Era Industrial, dos milionários do século XIX aos desapropriadores de bens da década de 1970 e aos *yuppies* da década de 1980, todos baseando-se no exemplo do tratamento dado à África, à Índia, à Irlanda e a outros lugares pelo Império britânico.

Nenhum dos nossos líderes em potencial foi preparado para tomar uma atitude firme e dizer: "Dinheiro não é prioridade. Uma geladeira nova não representa a suprema felicidade. Isso é loucura." É da natureza da ganância nunca ter o suficiente. À medida que um número cada vez maior de pessoas passou a exigir uma participação justa nos últimos 100 anos, o processo tem sido o de aumentar o nível de exigências nas transações em vez de encontrar um denominador comum. A meta universal tem sido a de ter um estilo de vida que se aproxime daquele que apenas três por cento da população costumava ter. Alcançar isso exige um tremendo nível de crescimento, e nunca houve, nem haverá, o suficiente para satisfazer à irrealista demanda criada.

A Era Industrial nos tornou muito prósperos, mas nunca parece haver o suficiente para satisfazer as pessoas ou os políticos. Parecemos simplesmente não saber o que de fato é bastante, e o processo continua, com uma parte cada vez maior do planeta sendo transformada num refugo do qual não precisamos. O apelo é insidioso. Quem, de vez em quando, não suspirou por um carro novo, não se vestiu religiosamente na última moda, não comeu ou bebeu demais ou não cobiçou a mansão do vizinho? A diferença está no fato de que algumas pessoas aprenderam que a riqueza material nada faz pela alma ou mesmo pela sensação de alegria e divertimento; e uma grande porcentagem da sociedade, incluindo a maior parte dos seus líderes, *não* parece ter aprendido essa lição.

CONSERTANDO O MECANISMO

A idéia nunca foi exeqüível, mas enquanto havia crescimento, a mentira podia ser ocultada. Agora que o desenvolvimento está chegando ao fim, e as recessões se tornam cada vez mais longas, profundas e freqüentes, a mentira é exposta. Mesmo assim, a reação dos políticos é argumentar a respeito de como o bolo deve ser repartido e de como um bolo maior pode ser "assado", enquanto está cada vez mais claro que a data de validade do bolo está vencida e ele começa a deteriorar. Houve tentativas ocasionais de restabelecer o equilíbrio e redistribuir a riqueza através dos impostos. Isso, no entanto, apenas gera conflito e falta de motivação — porque numa sociedade em que o dinheiro é o único bem, taxar os "bem-sucedidos" para subsidiar os "fracassados" é um total disparate. Se uma pessoa começa a conservar cada vez menos daquilo pelo que é julgada, ela passa a ficar cada vez mais frustrada e desmotivada. Torna-se necessário algo muito mais radical e estratégico.

Quando Felipe da Macedônia instruiu o mundo antigo sobre as delícias e as aflições do império, Demóstenes comparou a reação dos atenienses à de um pugilista bárbaro. Ele põe as mãos onde é atingido. Não existe estratégia, apenas uma reação espasmódica a cada novo ataque. E os próprios atenienses não eram incompetentes na ação imperial e não-democrática. Os detalhes sangrentos são descritos no *Melian Dialogue* de Tucídides. A Inglaterra, os Estados Unidos e a Rússia têm muitos "nobres" antecedentes, e sua crítica ao Irã, Iraque, Argentina, Japão e Alemanha é ao mesmo tempo hipócrita e correta. Eles deram o exemplo, e pouco mudou desde o cerco de Tróia.

Pouco depois da Segunda Guerra Mundial, Eisenhower declarou: "O povo deseja a paz. E um dia os políticos terão de deixar que ele a tenha." Essa hora chegou. Mesmo assim os partidos políticos ainda alimentam suas "panelinhas" e as guerras continuam, tanto as reais quanto as metafóricas. O objetivo é continuar a alimentar a concorrência e nos fazer trabalhar com afinco para acumular cada vez mais riquezas.

Os sistemas políticos da Inglaterra e dos EUA são estruturados de tal maneira que excluem as novas idéias. Nesses dois países, o líder só tem o apoio de cerca de 25% do eleitorado, e a diferença entre o primeiro e o segundo partido é marginal no tocante aos votos. No entanto, aquele que venceu por uma pequena diferença, seja democrata ou republicano, *Tory*, trabalhista ou liberal, reclama um mandato incontestável e tenta impor uma legislação que não leva em conta a opinião de 75% da população. As crianças são totalmente excluídas: o mundo por elas herdado é a criação de uma minoria e 75% delas se vêem excluídas. O incentivo político a uma maior participação teve um resultado indesejado: queremos participar do voto, do poder, da tomada de decisões e também do dinheiro usado para comprar a nossa submissão. O que era aceitável nos dias de Lloyd George não surte nenhum efeito hoje. Cada vez mais exigimos ser ouvidos, e a frustração aumenta à medida que as pessoas ficam mais conscientes e os políticos se escondem por trás de um sistema político que as exclui.

Lamentavelmente, quando o sistema cede afinal, como já aconteceu na Comunidade dos Estados Independentes (a antiga União Soviética) e na Europa Oriental, as comportas se abrem, e muitas vezes as novas vozes são ainda mais estridentes e discordantes do que aquelas que substituem. As antigas demandas e prioridades persistem, mas as estruturas desapareceram. Surgem novas vozes mas nem sempre novos valores. O dinheiro, poder e o desenvolvimento ainda são considerados as únicas prioridades. A ênfase continua em como as coisas antigas podem ser distribuídas de uma forma diferente. As mudanças são poucas e o único resultado é um remendo ainda maior do mecanismo de uma máquina velha e gasta.

CENÁRIOS DE DESASTRE

Existe aqui um notável paralelo com o imperador Nero "tocando cítara enquanto Roma arde em chamas". Se sua única realidade é o jogo cínico do crescimento, é impossível você perceber a outra realidade da devastação planetária. Se a sua ênfase está no lucro a curto prazo e em apagar o fogo, você certamente está cego para a matemática de longo prazo. Você é incapaz de enxergar os efeitos dos míseros 3% de aumento anual na produção que aplaca a multidão faminta que você criou. Você é incapaz de perceber que isso significa que daqui a 200 anos você estará produzindo e consumindo num único dia o que agora dura um ano. Significa 365 vezes a devastação e a contagem. O antigo método não consegue se sustentar. É insustentável. Nossas reservas estão se esgotando e nosso planeta está se esgotando mais rápido ainda. Portanto, não *temos* 200 anos. Já os tivemos. Tivemos 200 anos dessa aberração temporária, a Era Industrial. Ou *ela* acaba ou acabamos *nós*.

Os cenários de desastre imaginados pelos ambientalistas (e até por alguns cientistas bastante sérios) quase conseguiram sensibilizar a consciência dos políticos. Estes, porém, não sabem o que fazer. Afirmam defender o conceito de "salvar o planeta", mas somente quando as pessoas viram a mesa e parecem querer romper as defesas do sistema eleitoral. Assim que essa ameaça deixa de existir, todos voltam aos antigos jogos, à economia de crescimento, ao suborno eleitoral, às meias-verdades. Na Inglaterra, o Partido Trabalhista ainda se comporta como na década de 30. Os *Tories* (conservadores é um termo sem sentido) ainda pensam como se estivessem em 1830. Embora os democratas liberais tenham pelo menos tentado adiantar o relógio, não conseguem se envolver mais profundamente, atados como estão por um sistema eleitoral projetado para lidar com a realidade de um sistema bipartidário do século XIX. Nenhum dos sistemas de crenças partidários é relevante para o cenário ambiental de 2030. O problema dos cenários de desastre é que é excessivamente aterrador contemplá-los. Além disso, existe o perigo de que se transformem em profecias que cumprem a si mesmas. Elas dão destaque à política da ganância, mas ainda existem nesse mundo de medo, escassez e separação.

UM NOVO ESPÍRITO

Os cenários de desastre podem manter sob controle os piores excessos dos antigos métodos, mas é preciso algo bem diferente para alcançar a necessária transformação. É indispensável um novo ímpeto, uma injeção de energia numa opção positiva, redescobrir algo que esquecemos ou ignoramos durante os últimos 200 ou 2.000 anos.

No seu livro *The White Hole in Time — The Meaning of Now* (1992), Peter Russell nos aconselha a sair do transe materialista, da sedução hipnótica das imagens dos meios de comunicação, deixando que o observador oculto — a nossa consciência interior — assuma o comando.

Steve Gaskin é a prova viva de que existe uma outra maneira de abordar a situação. Na década de 60, ele tornou-se o ponto de convergência de milhares de habitantes de San Francisco que buscavam uma alternativa para o medo e a degradação espiritual da sociedade americana. Com cinqüenta ônibus apinhados de gente saiu em busca de um lugar para começar uma nova comunidade. Eis seu comentário a respeito daquela época: "Nós nos tornamos um vírus no sistema rodoviário americano!" Por fim, e muito provavelmente para alívio de todos, eles se estabeleceram no Tennessee, num local que até hoje é chamado apenas de The Farm (A Fazenda). Ele diz: "Se você não está assustado com o mundo de hoje, é porque simplesmente não está prestando atenção." Mas Steve Gaskin não está debilitado por causa disso. Em A Fazenda ele e sua comunidade acreditam na abundância e a levam para o mundo, enquanto os políticos continuam às voltas com documentos e mais documentos. Steve responde ao desastre com uma atitude prática, amor e educação.

É chegada a hora de encarar as coisas de um modo diferente e reconhecer a nossa abundância.

Nos últimos trinta anos, experimentamos ciclos regulares de declínio e crescimento rápido, de contenção e expansão, de recessão e desenvolvimento descuidado. *Cada ciclo* nos oferece a oportunidade de aprender a sermos gratos por tudo o que recebemos, de limitar a nossa avareza e investir na cultura, na educação, no autodesenvolvimento e na paz futura. Agora, como a prosperidade não conseguiu nos ensinar a moderação e a adoção de um conjunto responsável de valores e prioridades, temos a oportunidade de assimilar tudo isso de uma outra maneira.

E dessa vez o processo é permanente. Recessão é um termo técnico usado pelos políticos. Significa que a produção de bens não aumentou por um período igual ou superior a seis meses. Na verdade, ele descreve um estado ideal no qual não mais existe o imperativo insensato de aumentar a produção. Como animais, atingimos um certo tamanho, paramos e ficamos menores, antes de passar pelo "sinal verde" e pegar um bilhete para o jogo seguinte. Por que isso não acontece na economia?

Onde está escrito que precisa haver um crescimento ininterrupto? Por que precisamos cimentar ainda mais a zona rural para construir mais casas quando ainda existem milhares de prédios abandonados que podem ser restaurados ou reconstruídos? Crescimento populacional? Por quê? Seis bilhões de pessoas no mundo não são suficientes? A verdade é que o crescimento é necessário para esconder e indenizar as asneiras políticas e econômicas do passado. Já deveríamos ser sábios agora. Deveríamos ter atingido aquela maneira de ser mais tranqüila e contemplativa que surge com o passar dos anos. E a boa nova dos anos 90 é que essa sabedoria está cada vez mais em evidência.

Está claro que os antigos métodos não funcionam. E o novo espírito que vem surgindo *está* funcionando perceptivelmente. Ele tem mais consciência de si mesmo, é mais inclinado a assumir uma responsabilidade pessoal, está mais preocupado com o crescimento interior individual do que com o desenvolvimento monetário exterior. É menos materialista, menos obcecado com as antigas definições de sucesso, menos hostil e agressivo. E não é nem niilista nem modesto. Tampouco tem uma consciência de pobreza, não faz votos de abstinência nem volta as costas para o mundo e para as comodidades da vida moderna, tão duramente conquistadas. Ele procura e encontra um equilíbrio adequado entre possuir e acumular, dominar e apreciar, dar e receber, ter sucesso e ser incompetente. Este é o espaço sutil da abundância explorado por este livro.

ROMPENDO O HÁBITO

Quando examinada a partir da perspectiva dos padrões da sociedade e da pressão social para que nos conformemos, a tarefa com que defrontamos pode parecer assustadora. Ainda assim, nos sentimos estimulados ao saber que os deuses da sociedade moderna tornaram-se imperfeitos.

O dinheiro não funciona como o principal parâmetro do sucesso, nem no nível individual nem no nível coletivo e social. Os psicólogos e os homens de negócios conscientes sabem disso há anos. O dinheiro não é um motivador e sim um desestimulador em potencial. Ele impede que as pessoas saiam do emprego e não as incentiva a ficar. Seu único efeito é deprimir e desestimular aqueles que não o têm ou de quem ele foi tirado. Poucos dias depois de um aumento de salário, o brilho diminui, e, a não ser que as circunstâncias do trabalho sejam gratificantes, teremos nas mãos uma equipe desestruturada e pouco disposta a cooperar.

Entretanto, as circunstâncias da vida das pessoas com freqüência não são satisfatórias, e pouco a pouco doses crescentes de dinheiro são injetadas para tentar combater essa situação. Trata-se mais de uma compensação para o tédio, um substituto para as verdadeira satisfação e realização, do que propriamente uma recompensa pelos serviços prestados. Por conseguinte, quando o suprimento de narcótico é cortado, como acontece quando a economia pára de crescer, os sintomas reprimidos irrompem na superfície. À semelhança do que acontece na medicina natural, a resposta não está em continuar a tratar dos sintomas e sim em descer abaixo da superfície e curar a causa. Quando conseguirmos colocar o dinheiro no devido lugar, talvez tenhamos removido o principal obstáculo à sensação de abundância. No caminho precisaremos lidar com a resistência a abandonar o vício, e depois poderemos ser saudáveis.

O problema está na concentração. Uma substância como a coca é naturalmente inofensiva nas circunstâncias corretas. É sua forma concentrada, a cocaína, que é perigosa. Até mesmo a morfina é útil em pequenas doses, embora algumas técnicas da medicina natural, como a acupuntura, sejam mais eficazes sem apresentar tanto perigo. O mesmo é válido para o dinheiro, como veremos no próximo capítulo. Em quantidades razoáveis e cuidadosamente administrado, ele pode ser bastante inofensivo e até mesmo útil. Precisamos apenas ter certeza de quem está no controle.

Picasso, mais do que qualquer outra pessoa, nos advertia de que somos possuídos pelas nossas posses. Façamos com que o dinheiro trabalhe para nós em vez de permitir que ele governe a nossa vida ou nos arrase. Fiquemos abertos à idéia de as nossas necessidades serem satisfeitas, sem porém negar a nós mesmos a oportunidade de conviver harmoniosamente com a vida real. Desfrutemos um novo relacionamento com o dinheiro no qual ele seja o servo da nossa busca de significado, e não o senhor. Vamos encontrar e usar com sabedoria a abundância do planeta em vez de saqueá-lo em busca do ouro dos tolos.

A raiz de todos os males não é o dinheiro em si, mas o *amor pelo dinheiro*. Não há nada intrinsecamente errado com o dinheiro. Ele é um símbolo da abundância com que todos somos contemplados. Como qualquer droga poderosa, o dinheiro só é mau ou perigoso quando está concentrado, acumulado e é usado de uma maneira inadequada. Mas experimente dizer isso ao viciado.

O viciado necessita de outra dose: morte em vez de vida, deterioração em vez de saúde. E todos defenderemos os nossos vícios "até a morte". "Até mesmo Deus toma café!" diz Carolyn Myss, cujo diagnóstico intuitivo é tão preciso quanto uma tomografia cerebral. "Estou comungando com o Deva do Tabaco", digo eu. Analogamente, quando uma ilimitada abundância é oferecida, muitos ainda escolhem seu medíocre substituto: o dinheiro. Esse amor pelo dinheiro bloqueia o caminho da abundância e a mantém oculta de nós.

Por conseguinte, a abundância está mais acessível àqueles que colocam o mero sucesso monetário na parte inferior da sua lista de prioridades — mas não necessariamente em último lugar. O rato de sacristia também pode estar fracassando se, ao fugir da riqueza e da prosperidade, não conseguir encontrar a felicidade.

Existe uma estreita relação entre a felicidade e a abundância, e é importante ter isso na mente e no coração enquanto estivermos explorando a abundância. A felicidade tem o poder de gerar os recursos necessários para sustentar a você e a ela própria. Nenhuma riqueza, por maior que seja, é capaz de gerar a felicidade, a não ser que esta já tenha encontrado um lugar no seu coração.

FÉ E INSENSATEZ

Ingressar na abundância não envolve necessariamente a rejeição imediata de todo o seu sistema de crenças e meios de subsistência. A abundância é algo que você pode permitir que aos poucos substitua o que não lhe é útil na sua abordagem atual. Com efeito, rejeitar tudo o que você tem agora pode ser uma maneira de negar a abundância.

Um homem acreditava firmemente que Deus tomaria conta dele. Assim, quando a caixa-d'água que ficava em cima da sua casa arrebentou a esta começou a ficar inundada, ele mandou embora os homens que vieram salvá-lo de barco, dizendo: "Deus me salvará!" E quando as águas subiram e ele estava agarrado a uma chaminé, ele mandou embora o helicóptero que lhe jogou uma corda, dizendo: "Deus me salvará!" Morreu afogado. Quando chegou do outro lado, ele interpelou Deus. "Grande amigo o senhor demonstrou ser. Lá estava eu confiando na sua proteção, e o senhor deixou que eu morresse afogado." Ao que Deus retrucou: "O que mais eu poderia ter feito? Mandei-lhe um barco. Mandei-lhe um helicóptero. E você me rejeitou." "Oh", disse o homem.

Tanto a abundância quanto a intervenção divina podem assumir muitas formas. Portanto, sua renda atual pode representar tanta abundância quanto uma praga de gafanhotos ou um pote de mel silvestre. "Fazer pão", diz David Spangler, escritor e educador a respeito de transformação cultural e espiritualidade, "é uma manifestação, tanto quanto o é fazer com que ele caia do céu."

Precisamos apenas encontrar um equilíbrio adequado, no qual o dinheiro favoreça em vez de bloquear o avanço. E precisamos escolher cuidadosamente um trajeto por entre as diferentes formas assumidas pela abundância e pelo seu oposto, a atitude de desconfiança. Imagine-se num balão a gás. Enquanto o balão está enchendo, os sacos de areia e os suportes o mantêm no chão. Mas quando você estiver pronto é aconselhável romper as cordas, caso contrário será arrastado e nunca sairá do chão. Os sacos de areia também servem a um objetivo semelhante. Sem eles você poderá se soltar totalmente e se perder; mas se os tiver em excesso, seu progresso e ascensão serão retardados e limitados.

Soltemos o lastro, mas com cuidado!

ESTE LIVRO É PARA VOCÊ?

Quer tenha "fracassado" de acordo com os antigos critérios superficiais, quer tenha tido "sucesso" e começado a questionar a relevância desses critérios, este livro foi escrito para você. Mesmo aqueles que atuam "com êxito" dentro dos antigos critérios pode encontrar novas dimensões que acelerem seu progresso e forneçam uma estrutura capaz de favorecer a segunda metade da sua vida. Aqueles que já se encontram no caminho da abundância e enfrentam "com sucesso" suas exigências e desafios encontrarão apoio e discernimento no que se segue, além de um crescente esclarecimento das questões e da maneira como lidar com elas. E aqueles que tentaram entrar na Idade da Abundância e tiveram dificuldade também serão amparados e conhecerão maneiras novas e práticas de poder avançar.

Ingressemos juntos na Idade da Abundância.

Não existe dinheiro ou prosperidade suficientes para gerar a abundância.

2

O Mundo Faz o Dinheiro Girar

O dinheiro foi criado para simplificar as coisas. A mente fica confusa sem saber o que seria uma economia de camelo se o dinheiro fosse uma coisa menos complicada!

UMA PIADA NEOLÍTICA

Segundo a teoria, o dinheiro foi inventado porque facilitava e acelerava o comércio, e era muito mais conveniente do que tentar calcular qual percentagem de um camelo seria uma recompensa justa por um dia de trabalho. Eu particularmente acho isso bem difícil. Creio que era bem mais simples descobrir a resposta quando tínhamos um número suficiente de camelos. A meu ver, quando não mais conseguíssemos nos mover sem tropeçar num desses animais, teríamos a certeza de ter alcançado a nossa quota! E quando tivéssemos iogurte de leite de ovelha saindo pelos ouvidos e as pessoas nos evitassem na rua por também terem o nosso iogurte saindo pelos ouvidos *delas*, estaria na hora de fazer uma comemoração com churrasco de carneiro! Suponho que nessa ocasião nasceu o comerciante, descobrindo novas maneiras de usar todos aqueles velhos carneiros que tínhamos à nossa volta!

Acho que é muito mais provável o dinheiro ter sido criado como uma ferramenta para a percepção individual por um dos primeiros praticantes da expansão da consciência. Tudo provavelmente começou como uma piada num seminário neolítico de fim de semana, passando a ser venerado no ritual da época. A nova consciência é, na verdade, muito antiga. Acabamos de nos lembrar dela e também da função que o dinheiro desempenhava nela. Estamos percebendo que em algum ponto do caminho — talvez no Egito — a situação saiu totalmente de perspectiva e o afluente se transformou no rio.

Uma piada que perdeu a graça

Com o passar dos anos, ficamos obcecados pelo dinheiro. Ele representa uma espécie de segurança num mundo considerado perigoso, inseguro. Quanto mais conseguirmos acumular, mais seguros estaremos. Diga isso para alguém que estava vivo em 1929 ou em alguma das outras ocasiões em que tenha havido uma queda na bolsa de valores. Hoje em dia, isso acontece com a mesma monótona regularidade com que as folhas caem no outono, e qual é o resultado? Um sentimento de que precisamos acumular *ainda mais*, porque poderá haver uma outra queda. Como todos os vícios, ele se alimenta de si mesmo. O último cigarro gera a necessidade do seguinte. O Mogadon da noite passada garante o Mogadon da noite de amanhã. E tão logo todos se acalmam depois da batalha pelo último aumento de salário, já estão pensando no seguinte. Nunca há dinheiro suficiente para satisfazer o desejo de dinheiro. E a resistência a largá-lo é quase tão feroz e dolorosa quanto a resistência a abandonar a heroína. Este fato explica por que muitas pessoas estão decididas a não terem nada que ver com ele, a não serem contaminadas por ele, a não entregarem a alma a ele.

O problema é que ao contrário do álcool, do tabaco, das drogas receitadas e daquelas que já reconhecemos como inaceitáveis, o dinheiro também é terrivelmente útil! Sua companhia não irá à falência se não estiver recebendo cigarros em número suficiente! O banco não interrompe suas operações por falta de uma nova remessa de aspirinas! Mas se o dinheiro não estiver entrando (ou algo tão parecido com dinheiro que poderia muito bem ser o próprio metal sonante), paramos violentamente, como se o nosso carro tivesse ficado sem gasolina. Muitos argumentariam que o álcool e o cigarro desempenham um papel bem semelhante na sua vida! Eles ajudam a velha máquina a continuar a funcionar! A diferença fundamental está no fato de que, enquanto muitas pessoas acham que podem enfrentar uma manhã de segunda-feira sem beber ou fumar, ninguém, até onde eu sei, conseguiu ainda encontrar uma maneira de viver de brisa.

VIVENDO SEM DINHEIRO

Tem havido várias experiências com sociedades onde não existe dinheiro, e elas sem dúvida apresentam algumas características positivas. Estimulam o comércio entre as comunidades, e os usuários não precisam pagar taxas de juros. É mais fácil comprar certas coisas pelas quais pensaríamos duas vezes antes de pagar vinte libras quando tudo que temos que fazer para consegui-las é capinar um jardim por algumas horas, o que nos proporciona a agradável recreação que estávamos justamente desejando. Seu ponto fraco parece ser o fato de que nem sempre uma pessoa deseja os serviços que uma outra pode oferecer, e então começam a ser registrados débitos e créditos, e as pessoas passam a acumular excessos e saques a descoberto. Ora, se no nosso sistema não-monetário temos um grande grupo de produtores de alimentos, talvez consigamos atender às necessidades básicas trocando nossos serviços por comida. Mas quanto tempo será preciso para que o criador de galinhas receba massagens demais e comece a se sentir um saco de pancadas? E para que a gerente da loja tenha uma linha de crédito tão grande para serviços astrológicos a ponto de poder, sem muito esforço, comprar efetivamente um dos planetas menores?

PARA QUE SERVE?

As tentativas de nos esquivarmos à questão do dinheiro não conseguem alcançar seu objetivo. À semelhança de tudo o que tentamos evitar e contornar engenhosamente, o dinheiro encontrará outra maneira de nos alcançar de forma sorrateira e com um tapinha no ombro. A questão fundamental a respeito do dinheiro é que as nossas atitudes com relação a ele e o nosso senso de auto-estima estão inextricavelmente entrelaçados. Há problemas nas duas extremidades da escala. Aqueles que tentam acumular pilhas de dinheiro estão enviando a mensagem de que duvidam não apenas do seu valor como indivíduos, mas também da sua própria existência, a não ser que possam se rodear de coisas que provem que eles existem e têm valor. Na outra extremidade da escala, aqueles que não apreciam a idéia global do dinheiro e se sentem constrangidos por causa dele também estão fazendo uma declaração a respeito do seu valor como indivíduos. Aqueles que se valorizam e têm uma atitude positiva com relação ao seu mérito pessoal descobrem que suas necessidades — financeiras, físicas e outras — são sempre satisfeitas. Eles têm dinheiro e recursos suficientes. Somente aqueles que são obcecados pelo dinheiro, seja como algo de suprema importância, seja como uma coisa que deve ser rejeitada a todo custo, têm problemas para atrair o quanto precisam.

O dinheiro não tem importância em si mesmo, mas apenas em função do modo como reagimos a ele, do que significa para nós e das lições que temos que aprender com ele. Mas de uma coisa podemos ter certeza: se um empreendimento não apresenta lucro, seu fim é certo — a não ser, é claro, que se trate de uma obra de caridade que dependa de outras pessoas que têm empreendimentos que geram lucros e que a subsidiam. Porém, da mesma forma, se o lucro é o supremo objetivo do empreendimento, este será inerte, inútil e, em última análise, autodestrutivo. Aqueles que estão preocupados em ter lucro precisam responder à seguinte pergunta: "Qual o objetivo do lucro?" A resposta a essa pergunta revela a verdadeira motivação e argumentação por trás do empreendimento e o dinheiro que a pessoa recebe é simplesmente o combustível ou a energia que impulsionam a visão, e sem ele esta última não alça vôo.

Trabalho para uma vida inteira

Não importa como nos envolvemos nessa confusão com o dinheiro, certamente temos agora muito trabalho pela frente! Nos seminários sobre os empreendimentos holísticos, a questão do dinheiro sempre dá origem a acirrados debates. Nós o queremos! Nós o tememos! Desconfiamos dele! Fazemos coisas incríveis para não precisar lidar com ele, mas se considerarmos o lugar que ele assumiu na sociedade, estamos nos enganando ao pensar que poderemos ter *qualquer* tipo de rendimento sem antes definirmos seu lugar na nossa vida, exatamente o quanto precisamos e o que faremos com um possível excesso. Resistimos basicamente a receber dinheiro por causa dos abusos daqueles que procuraram acumulá-lo em excesso. É claro que não precisamos ser como eles; o único motivo pelo qual isso nos afeta é o fato de cada um de nós saber que é capaz de agir com essa mesma tirania de senhor de engenho.

Uma boa vida

Uma das convicções predominantes na sociedade ocidental é que o dinheiro é o único bem de valor. Acumular dinheiro e tudo o que ele pode comprar é o que realmente importa. Na melhor das hipóteses, o dinheiro vem primeiro e depois coisas como relacionamentos, família e ambiente... se houver tempo para isso. O único critério para o sucesso é o dinheiro. Perder dinheiro é o fim do mundo. A principal característica de qualquer emprego é a etiqueta com o preço. O lema fundamental é a ganância.

Na outra extremidade do espectro encontram-se aqueles que sentem que o dinheiro é maligno e que os que o possuem são maus, independentemente do que fazem com ele. Para uma pessoa assim, ter dinheiro significa cair em desgraça. Eles se opõem a receber dinheiro, além de terem vergonha dele. Esta resistência ao dinheiro é tão obsessiva quanto a incessante busca dele. Podemos nos sentir à vontade sem dinheiro. Esta é uma possível conseqüência de termos trabalhado com questões monetárias, sem afinal nos deixar corromper. Mas enquanto você se preocupar com o dinheiro e com pessoas que têm dinheiro, você tem um trabalho muito importante e fazer em termos de auto-estima e de respeito por si mesmo. Eu não o estou julgando. Afinal, você não está aqui para aprender a amar e a dar valor a si mesmo?

A principal ferramenta para aprender esta lição é o dinheiro. A sala de aula é o mundo do trabalho. E esta é a finalidade do trabalho. Ele é um lugar que cada um de nós cria para poder crescer. Os relacionamentos básicos são a outra sala de aula, e quase tudo o que este livro diz a respeito do dinheiro também é válido para esses relacionamentos.

Este livro é uma busca do caminho do meio, onde o dinheiro flui ao encontro de nossas necessidades. É a busca de "uma boa vida".

O dinheiro não mede a abundância. Na verdade, ele representa um empecilho para ela. E, por causa disso, ele é capaz de medir maravilhosamente bem a tarefa que temos diante de nós ao adotarmos a abundância. Durante o percurso, ele nos proporciona uma série hilariante de lições, embora possamos não apreciar o humor na ocasião.

Até aqui examinamos o assunto de um modo amplo e observamos com uma na visão global, a confusão macroeconômica. Nada aqui sugere que a solução da nossa crise monetária ou da nossa relutância em abraçar a abundância virá de uma decisão política. Os políticos estão presos a uma situação criada em grande parte por eles mesmos. Os políticos mais honestos deste século foram Václav Havel e Lech Walesa, que ao serem indicados para o poder supremo declararam que não podiam fazer nada. Eles apenas haviam dirigido a mudança para uma nova situação na qual cada indivíduo poderia ser responsável por si mesmo. O eleitorado não poderia mais depender dos políticos nem culpá-los pela situação econômica. Agora o povo era responsável, e talvez sejam necessárias gerações para alcançar algum resultado. Tudo o que estava certo era que os políticos, por definição, não tinham soluções nem panacéias.

Isso pode soar como uma receita para a anarquia e o egoísmo — entregar o país a uma selva feroz. Muitos diriam que se trata de uma descrição exata da situação que herdaram. A grande diferença é que os líderes estavam preparados para confiar na responsabilidade do povo, sabendo que eles usariam apenas o necessário e compartilhariam o que estava disponível. E os verdadeiros grandes líderes dão o exemplo. Eles não satisfazem seus caprichos. Não procuram acumular riquezas ou poderes pessoais. Estabelecem diretrizes bem flexíveis e estão certos de que as coisas atingirão seu nível adequado se não interferirem.

Este estilo de governo é uma resposta à crescente tendência das pessoas de querer ser responsáveis pela própria vida.

O dinheiro e o seu uso como dimensão do sucesso tem sido um dos mecanismos de controle mais sutis e penetrantes dos sistemas obsoletos que estão desmoronando. Ainda assim, mesmo quando procuramos amadurecer e adotar atitudes mais benéficas com relação aos recursos e ao nosso direito a eles, os antigos sistemas que giram em torno do dinheiro ainda exercem muita influência. Antes de podermos derrotar o inimigo, precisamos conhecê-lo.

ENTRANDO NO CAMPO PESSOAL

Chegou a hora de analisarmos *você*. Quais os problemas que *você* tem com relação ao dinheiro? Como *você* se relaciona com o dinheiro? Para que ele serve na *sua* vida? O que ele representa para *você*? Estamos lidando aqui com os sistemas de crença que regem a sua vida. Algumas convicções podem *parecer* positivas, mas tudo que o controle e o impeça de confiar ou dar valor a si mesmo sem uma confirmação externa não é positivo.

Talvez você esteja penetrando em território perigoso. No final, poderá sentir-se deprimido. E até mesmo sentir que não há esperanças para você. Isso tudo poderá não ser muito agradável, e quem sabe lhe deixe a pior imagem de si mesmo que você poderia imaginar. Afinal, estamos examinando os seus aspectos mais negativos. Se chegar ao final achando que não há esperança, reconheça que isso também é um sistema de crenças em funcionamento! Ele pode ser combatido como todos os outros, mas apenas quando você sabe muito bem quais as suas convicções que precisam ser combatidas. Vale a pena prosseguir. Na verdade, é essencial fazê-lo, pois você finalmente saberá o que está em seu caminho. As boas novas são que você também tem convicções positivas que o fortalecem.

O processo deste livro envolve construir suas convicções justificadamente positivas e ajudá-lo a fortalecer-se por meio da crença na abundância. No caminho, precisará enfrentar seu lado sombrio e usar também de forma positiva a sua energia. Aceite que, qualquer que seja o resultado dessa auto-avaliação, ela é dirigida pelos seus sistemas de crenças. Não é a verdade moldada em pedra e irrevogável. Não a use como uma outra maneira de se machucar, pois isso apenas reforça o aspecto do seu ser que lhe oferece uma auto-imagem negativa. É apenas um lado seu que vê a perspectiva negativa. Existem outros lados que têm um ponto de vista totalmente diferente, e eles serão encorajados a florescer à medida que você avançar na leitura deste livro.

Caso se sinta ansioso por ter que examinar essas questões, assegure-se de ter um amigo por perto quando o fizer. Você é que deve julgar se precisa de ajuda profissional ou se deveria empreender a avaliação como parte da sua presente terapia.

Se se perguntar qual o motivo de tanto estardalhaço, reconheça que suas dificuldades são insignificantes quando comparadas às de muitas outras pessoas.

A auto-avaliação

Esta auto-avaliação toma a forma de duas séries de declarações e perguntas. Sua tarefa é dar pontos a si mesmo de acordo com o grau de preocupação que cada assunto lhe traz. Não existem respostas certas ou erradas, e todos terão um coquetel diferente que os manterá acordados durante a noite.

Uma contagem muito baixa poderá conter uma ou duas preocupações avassaladoras que exerçam um impacto muito maior do que dúzias de preocupações menores e uma contagem mais elevada.

Uma contagem alta poderá indicar que você está mais estreitamente em contato com as convicções que lhe causam dificuldades, e que na verdade está mais perto de uma grande mudança do que alguém com uma contagem inferior que ainda está reprimindo antigas crenças e pode nem mesmo ter consciência delas.

O objetivo da avaliação não é enganá-lo ou "pegá-lo". Tampouco sua finalidade é dar-lhe uma recompensa ou um castigo. A intenção é apenas fornecer-lhe informações com as quais você pensa trabalhar, e talvez tranqüilizá-lo um pouco, pois se você teve 10 pontos em duas questões, existem outras 98 com relação às quais não tem nenhum problema importante.

Alguns itens poderão dar a impressão de estar pouco relacionados com o dinheiro. Eles estão incluídos não apenas porque o dinheiro é usado como substituto para muitas coisas, mas também porque nossa preocupação fundamental não é com o dinheiro, e sim com a abundância, que, afinal, tem pouca relação com o dinheiro.

Avaliando seu quociente de preocupação

Considere nesta primeira seção até que ponto você se preocupa com cada uma das perguntas e declarações relacionadas. Atribua então a si mesmo uma nota de 0 a 10.

Eis um guia para a contagem:

0. Indica que isso não representa de modo nenhum um problema para você.
1. Indica que você mal está consciente disso.
2. Indica que você está consciente mas não se preocupa.
3. Indica que você pensa um pouco a respeito.
4. Indica uma leve preocupação.
5. Indica preocupação.
6. Indica uma profunda preocupação.
7. Indica ansiedade.
8. Indica uma profunda ansiedade.
9. Indica pânico.
10. Indica algo próximo da paranóia.

Uma vez que nossas crenças estão sempre se modificando, você tem cinco colunas de pontuação.

A *primeira* coluna representa seu nível de preocupação no momento presente. Escreva a data de hoje no retângulo abaixo de *Agora.*

A *segunda* coluna representa sua lembrança de quanto você se preocupava com isso há dez anos. Escreva o ano no retângulo abaixo de *Passado.*

Na *terceira* coluna você deverá indicar o quanto acha que irá se preocupar com isso daqui a dez anos. Escreva o ano no retângulo abaixo de *Futuro.*

Na *quarta* coluna você colocará uma *resposta* objetiva de alguém que você conhece bem. Escreva o nome dessa pessoa no retângulo abaixo de *Outro.*

Despreze por enquanto a *quinta* coluna. (Ver página 221)

Na prática talvez você queira registrar as respostas numa folha de papel à parte, especialmente até obter a resposta de um amigo.

1ª SEÇÃO

Preocupações monetárias

	Agora	Pass.	Futuro	Outro	
1. Como vou pagar minhas contas?					

	Agora	Pass.	Futuro	Outro
2. Simplesmente gasto tudo o que tenho.				
3. Parece que nunca tenho dinheiro suficiente.				
4. Não sei o que faria sem dinheiro.				
5. O dinheiro governa a minha vida.				
6. Precisamos estar à altura dos vizinhos.				
7. Gostaria de ter dinheiro para tirar umas boas férias.				
8. Se eu tiver menos dinheiro, não serei tão bom quanto eles.				
9. Não sei lidar com dinheiro.				
10. Precisamos manter nosso padrão de vida.				
11. Se... (Coloque o nome do partido de oposição) ganhar, nossa situação vai piorar.				
12. Devo estar fazendo algo errado para o dinheiro ter acabado.				
13. A falência seria terrível.				
14. Ficar sem dinheiro é muito inconveniente.				

	Agora	Pass.	Futuro	Outro
15. Eu não tinha dinheiro suficiente comigo. Quase morri.				
16. Se você é tão esperto, por que não é rico?				
17. Tenho que sustentar a minha família.				
18. Trabalho tanto que nunca tenho tempo para mim.				
19. E se eu perder o emprego?				
20. Não posso me meter em confusão e preciso tomar cuidado com o que digo.				
21. Se ao menos eu conseguisse ser promovido, ficaríamos numa boa situação.				
22. Preciso trabalhar mais. Aí então teremos mais dinheiro.				
23. O trabalho vai me matar.				
24. Como posso me considerar um sucesso?				
25. Reunir-se com outras pessoas é terrivelmente dispendioso.				
26. Ninguém vai me amar se eu for pobre.				
27. Como posso manter um relacionamento se não tiver dinheiro?				

	Agora	Pass.	Futuro	Outro
28. Como posso fazer alguma contribuição se não tiver dinheiro?				
29. Não tenho recursos para comprar presentes caros.				
30. E se eu não puder retribuir o favor?				
31. Ele/ela não acreditará que eu o/a amo, a não ser que lhe dê muitos presentes e lhe proporcione muitos divertimentos.				
32. Sem dinheiro não posso controlar este relacionamento.				
33. Eu não teria onde morar se este relacionamento não desse certo.				
34. Eu não conseguiria sobreviver financeiramente sem ele/ela.				
35. Se não puder pagar minha parte, prefiro morrer.				
36. Imagine ter que fazer compras num bazar de caridade.				
37. Não suportaria perder esta casa.				
38. Acho que não seria bom ter muito dinheiro.				
39. E se não pudermos pagar uma escola particular ou os passeios do colégio?				

	Agora	Pass.	Futuro	Outro
40. Ou compramos sapatos novos para as crianças ou uma máquina de lavar roupa.				
41. Não posso dar aos meus filhos a mesma mesada que os amigos deles recebem.				
42. Quando eu morrer, preciso deixar meus filhos numa situação tranqüila.				
43. Sem dinheiro, eu me sentiria impotente.				
44. Sinto que sou uma vítima das circunstâncias.				
45. Se a bolsa de valores sofrer uma queda, estaremos perdidos.				
46. Poderíamos perder tudo que temos.				
47. Meu pior pesadelo é ficar sem dinheiro.				
48. Eu me pergunto se algum dia ficarei livre das minhas dívidas.				
49. Minha aposentadoria não é muito alta.				
50. Haverá dinheiro suficiente para o meu enterro?				
Total: 1ª Seção				

Avaliando suas convicções

A segunda lista diz respeito aos conceitos habituais. Até que ponto você concorda com eles? O sistema de pontuação é semelhante ao da 1ª Seção. Mais uma vez, como orientação:

0. Indica que o seu conceito é exatamente *oposto* a este.
1. Indica que você simplesmente não acredita nele.
2. Indica que ele não tem importância.
3. Indica que este conceito já teve um pequeno impacto uma ou duas vezes.
4. Indica que de vez em quando ele surge.
5. Indica que este conceito é/esteve presente em você.
6. Indica que ele é importante.
7. Indica uma convicção profunda.
8. Indica que você freqüentemente fala dele para os outros.
9. Indica que você sempre está dizendo às pessoas que ele é verdadeiro.
10. Indica que esta idéia representa um importante princípio diretor na sua vida.

2ª SEÇÃO

Crenças que o bloqueiam	Agora	Pass.	Futuro	Outro
1. O dinheiro faz o mundo girar.				
2. O dinheiro é a única maneira de medir o sucesso.				
3. Homens de verdade sustentam a família.				
4. Quem tem dinheiro tem razão.				
5. O dinheiro fala mais alto.				
6. Onde há sujeira há dinheiro.				

	Agora	Pass.	Futuro	Outro	
7. O dinheiro abre todas as portas.					
8. Você nunca teve tanta sorte.					
9. Não há nada como dinheiro no banco.					
10. Ponha o seu dinheiro embaixo do colchão.					
11. Comprar sempre será um bom investimento.					
12. Não se consegue nada sem esforço.					
13. Nada é de graça.					
14. Tudo custa dinheiro.					
15. Pare de contar vantagem e tome uma atitude.					
16. Prove o que você diz ou cale a boca.					
17. A situação está preta.					
18. É preciso trabalhar muito para conseguir o que se quer.					
19. O que é bom dura pouco.					
20. Nada é divertido sem dinheiro.					
21. Os diamantes são os melhores amigos de uma garota.					
22. O dinheiro é meu amigo.					
23. As mulheres não deveriam sair de casa para trabalhar.					

	Agora	Pass.	Futuro	Outro
24. O principal objetivo da vida é a aposentadoria.				
25. Quem é bobo logo perde o que tem.				
26. A regra de ouro do dinheiro é não ficar sem ele.				
27. Os ricos ficam mais ricos e os pobres ganham mais filhos.				
28. Não basta querer.				
29. Dinheiro é difícil de ganhar.				
30. Não há o suficiente.				
31. Não há o suficiente para todos.				
32. O dinheiro não cresce em árvores.				
33. Sempre se deve poupar para os momentos difíceis.				
34. Bem-aventurados os pobres.				
35. Se você gastar um pouco cada dia, acabará gastando muito no final.				
36. Quanto mais se tem, mais se quer.				
37. O poder corrompe.				
38. Não se pode confiar em ninguém.				

	Agora	Pass.	Futuro	Outro
39. Logo você descobrirá quem são seus amigos.				
40. O dinheiro não traz felicidade.				
41. Os ricos não vão para o céu.				
42. As pessoas ricas não são sábias.				
43. Quando o dinheiro entra, o amor vai embora.				
44. O homem só é feliz quando morre.				
45. Não seja tão pão-duro.				
46. Lucro é uma palavra suja.				
47. O amor ao dinheiro é a raiz de todos os males.				
48. O dinheiro é a raiz de todos os males.				
49. Mas o dinheiro é extremamente útil!				
50. Em todo Estado bem governado a riqueza é uma coisa sagrada; nas democracias, a riqueza é a *única* coisa sagrada.				
Total da 2ª Seção				
Total da 1ª Seção				
Quociente Total de Preocupação				

O que lhe dizem seus resultados? Este é o teste básico. O nível de preocupação e ansiedade é aceitável? Que força parecem ter suas convicções? E o que aconteceria se as convicções tivessem um impacto menor e a preocupação se desintegrasse?

Não há um resultado certo ou errado. Um total de 500 pode ser alto demais; talvez 300 seja muito alto; 800 pode ser bom porque irá forçá-lo a tomar uma atitude imediata em vez de procrastinar. Um resultado de 200 talvez indique que você não está consciente da influência que essas crenças e preocupações exercem sobre você. Os resultados são mais úteis quando comparados uns com os outros, e particularmente com a maneira como os outros vêem você. Qualquer afirmação que dê origem a uma pontuação superior a 5 merece ser examinada com mais atenção.

Você deve ter percebido que a relação de convicções inclui algumas que sugerem que o dinheiro é bom, algumas que sugerem que ele é mau e outras que sugerem que ele é simplesmente difícil. Todas exercem um impacto e geram uma indevida atenção com relação ao dinheiro. Enquanto você estiver concentrado no fato de que o dinheiro é importante ou difícil, que é fundamental possuí-lo ou evitá-lo, sua capacidade de ingressar na abundância estará limitada. É quase certo que você poderá acrescentar à relação outras crenças que se colocam entre você e a abundância. Esta relação não está de modo algum completa.

Também é possível produzir uma relação de convicções positivas que eliminam a força repressora do dinheiro. "Todas as minhas necessidades são satisfeitas. Tudo o que preciso chega até mim com abundância antes mesmo que eu tenha consciência do fato. Olhem como crescem os lírios do campo: eles não trabalham nem fiam. Mas nem o rei Salomão, em toda a sua glória, jamais se vestiu como um deles."

Considerando o enfoque rigoroso e materialista da sociedade moderna e a forte tendência coletiva ao conformismo, não é de causar espanto que tenhamos essas idéias pouco saudáveis a respeito do dinheiro e que, em decorrência disso, nos preocupemos com a nossa situação financeira. Mas o que lucramos com isso? O que a preocupação produz, além de mais coisas com as quais nos preocuparmos? Em toda a história da humanidade a preocupação nunca criou um único centavo. A preocupação é a mais monumental perda de tempo e energia que já inventamos. Ela invade a nossa vida profissional, privando-nos da alegria da realização dos nossos talentos e do nosso potencial. Ela invade o nosso lar e todos os nossos relacionamentos, transformando a felicidade e a aceitação numa ansiedade autodestrutiva. Ela estraga a ligação carinhosa que poderíamos ter com nossos pais, filhos e parceiros. Ela alimenta o Ego louco pelo poder e distorce as ambições da personalidade. E assim debilita nosso senso de confiança e auto-estima. Por que a acolhemos? O que poderia justificar a perda de tudo o que descrevemos? O direito de nos preocuparmos e substituirmos o amor pelo dinheiro? Devemos estar loucos. De fato estamos loucos. Deveríamos mandar embora a preocupação em vez de reagir venerando o dinheiro como a solução para todos esses males, quando de fato nossa obsessão por ele é a causa primordial de todos eles.

O QUE O DINHEIRO REPRESENTA PARA VOCÊ?

O dinheiro representa segurança? Neste caso, ele poderá persegui-lo fazendo com que você tenha medo de ficar sem ele, de perder o emprego, de descobrir que a sua aposentadoria está baixa por causa da inflação. Ele é substituto medíocre da sensação de segurança que sentimos quando abraçamos a insegurança — um sentimento de segurança interior e não decorrente de um "cobertor do Linus" em que não se pode confiar.

Ele lhe transmite o poder e a capacidade de ser importante no mundo? Então, sem ele você é impotente. É bem melhor descobrir seu poder interior e saber que o exemplo da sua vida é que é importante. O poder proveniente do dinheiro é um poder que pode ser perdido da noite para o dia. Quando confia no dinheiro para ser poderoso, você não possui nenhum poder verdadeiro. Você entregou todo o seu poder ao dinheiro. Você se desfez da sua vida.

Ele permite que você controle a sua própria vida e a vida de outras pessoas? Que arrogância pensar que você pode dirigir minha vida melhor do que eu posso, quando você nem mesmo é capaz de controlar o seu destino sem uma confirmação externa. O dinheiro permite a você controlar a sua vida tanto quanto controla um vagão na montanha-russa.

De um modo extremamente óbvio, o dinheiro representa a riqueza e a prosperidade. Mas tudo isso é transitório e sem sentido. Acumular dinheiro é apenas mais uma demonstração de medo e insegurança. O que de fato importa é a *finalidade* da riqueza. É melhor você se concentrar *nisso*, na sua visão pessoal, em vez de meramente se preocupar em acumular dinheiro.

Poupar para os momentos difíceis garante apenas uma única coisa — muitos momentos difíceis. A motivação é o medo que a pessoa tem de um dia não haver o suficiente, de um dia não poder trabalhar, de um dia querer parar de trabalhar e se aposentar. E esse medo cria exatamente aquilo que tememos. As pessoas só se aposentam quando trabalham em algo de que na verdade não gostam. Por que se punir durante quarenta anos para ficar ocioso durante dez? Por que não descobrir uma perspectiva mais nobre e persegui-la com alegria por 100 anos?

Quando você poupa para financiar o desenvolvimento da visão que está perseguindo, a situação é ligeiramente diferente. Você pode muito bem fazer uma poupança para expandir algo que já existe ou para desenvolver alguma nova experiência que esteja se formando na sua vida. Ainda assim, você tem certeza de não estar retardando sua felicidade? Você não poderia mudar de vida e começar a fazer já, ainda que de uma forma mais modesta, aquilo que pretende fazer mais tarde e para o que está poupando? É extremamente triste ver as pessoas adiarem até os 65 anos o que poderiam desfrutar aos 20 ou 30. Se gosta de viajar, beber ouzo* numa taberna ou andar de bicicleta em Beijing, descubra uma maneira de conseguir fazer isso agora. Faça com que as pessoas lhe paguem para que você se divirta. Ficará surpreso ao perceber como os clientes surgem quando você está vivendo sua visão. Os fundos de pensão e os seguros de vida tornam-se algo sombrio se você contribuir para eles por estar com medo. Encare-os de uma outra maneira. Um plano de aposentadoria ou uma apólice de seguro é um dispositivo que permite a milhões de pessoas, inclusive o governo, investir no estágio seguinte do seu sonho. Eles são uma opção para você colocar o excedente que um Universo benévolo lhe proporcionou, até estar pronto para expandir sua visão e colocar em ação essa energia adicional.

Dinheiro representa sucesso? Ele é o objetivo primordial e o ponto central da sua vida; é apenas um meio de atingir um fim ou um indício

---

* Forte bebida alcoólica com sabor de anis produzida na Grécia. (N. T.)

de que você está no caminho certo? Você o deseja como prova de que é um vencedor? Ou sabe que é um vencedor, qualquer que seja a sua situação financeira? É extremamente fácil assimilar o exuberante materialismo dos anos 80 e acreditar que a vida é medida por carros requintados, salários extravagantes e outros símbolos de sucesso. Se está se comparando com outras pessoas, é porque provavelmente sucumbiu às garras do Ego, que tem obsessão por poupar e paixão pelo dinheiro.

Com freqüência o dinheiro é usado como um substituto do amor e da estima. Quando os presentes e os divertimentos que ele compra são mais importantes do que o ato de dar de quem os oferece, quando a recompensa pelos seus esforços é mais importante do que a dádiva do trabalho em si, quando o que você compartilha é mais importante do que o ato de compartilhar, o dinheiro se apoderou do seu ser e você precisa se apoiar em algo externo para provar que tem algum valor.

Você ama o dinheiro ou o odeia? Você se sente pouco ou muito à vontade com ele? Seja como for, ele dirige sua vida. Aqueles que reagem contra os excessos dos últimos 20, 200 ou 2.000 anos correm tanto perigo quanto os que os enaltecem. O ódio e o desprezo pelo dinheiro são atitudes igualmente negativas. A consciência de pobreza do rato de sacristia é uma declaração de descrença na abundância do Universo tão neurótica quanto a do milionário que anseia pela sua próxima "dose" de dinheiro.

Até mesmo a atitude de "é pegar ou largar" pode indicar um trabalho inadequado com relação ao dinheiro, embora talvez esteja mais perto de um relacionamento saudável. Não adianta fingir que o dinheiro não é um problema. Ele está tão profundamente entranhado na nossa consciência que precisamos chegar a um acordo com ele. Temos que trabalhar os nossos sentimentos de amor, ódio, rejeição, privação, superioridade, inferioridade, insegurança, confinamento, poder, controle, resistência, desprezo, crítica e medo. Depois disso, será mais fácil encontrar um relacionamento satisfatório e saudável no qual reconhecer o nosso direito de sobreviver, crescer e compartilhar na abundância. Podemos parar de substituir amor, auto-estima e confiança por dinheiro, e começar a trabalhar com ele como uma ferramenta para fortalecer e compreender a nós mesmos.

O DINHEIRO NÃO TEM VALOR

A sociedade permitiu que o dinheiro assumisse um lugar desproporcional na nossa vida. Ainda assim o valor do dinheiro repousa exclusivamente no valor que lhe atribuímos e nas nossas reações a ele, uma vez que o dinheiro não tem um valor intrínseco. Se reagimos com medo, ele passa a ter poder sobre nós e nos domina. Se diante das suas atividades reagimos com a atitude de que ele é um desafio a ser enfrentado, uma lição que precisamos aprender, uma oportunidade que se apresenta para amarmos e respeitarmos a nós mesmos apesar de todas as aparências exteriores, estamos reagindo com amor e portanto nos desenvolvemos no amor.

Por conseguinte, o dinheiro não mede o sucesso, a riqueza, a segurança ou mesmo a auto-estima. *A nossa reação diante dele* é que mede a nossa auto-estima, o quanto estamos preparados para confiar em nós mesmos e na abundância do Universo. O dinheiro não mede a abundância, mas existe uma poderosa inter-relação entre eles.

O que torna o dinheiro tão atraente como critério de medida é o fato de que esta noção facilita muito as coisas. A vida torna-se mais fácil quando só precisamos pensar no dinheiro. "Ele é rico; ele deve ser bom/mau." "Eu tenho mais do que você: certamente trabalho mais/sou mais esperto/sou melhor do que você." "Minha casa é grande: isso demonstra que sou bem-sucedido." "Este emprego é mais bem pago do que aquele: trata-se de um emprego melhor." Mas tudo é tão simples porque é superficial. E no final desse jogo da vida, ou mesmo antes, não existe satisfação.

O exame da finalidade do dinheiro, em que você o gasta, pode lhe dizer mais a respeito das suas prioridades, de modo que você alcança um nível mais profundo e começa a descobrir a sua verdade. Você pode gastá-lo com/em:

- comida
- sua casa
- crescimento pessoal
- educação
- filhos

- saúde e massagens
- livros e arte
- teatro
- festas
- presentes
- seu próprio negócio
- viagens
- caridade

Ou você pode gastá-lo com drogas, símbolos de *status,* extravagâncias, jogos de guerra e manobras de poder. Não importa o que seja, verifique *por que* você gasta dinheiro com essas coisas, e começará a descobrir suas verdadeiras prioridades na vida. Continue a perguntar *por que* e se aproximará cada vez mais da verdade.

A CRISE DA MEIA-IDADE

A cada etapa de crescimento, as pessoas costumam colocar para si mesmas uma série de questões. Isso acontece quando elas têm entre 35 e 45 anos, e diz-se que se trata da crise da meia-idade. Se o fazem quando estão na casa dos 20, são chamadas de ingênuas. Mais jovens ainda e são chamadas de precoces. Se mais velhas, estão caducas. Nenhum desses rótulos é apropriado. São apenas os juízos de valor que o dinheiro e seus seguidores usam para nos manter sob controle.

Ou nos tornamos conscientes, durante a vida, do conflito entre o caminho profissional material e uma emergente necessidade espiritual, ou morremos para nós mesmos. Não importa o nome que damos a isso, trata-se da metamorfose das trevas para a luz. E ela acontece, mais cedo ou mais tarde, com todas as pessoas. A maioria das crianças consegue vê-la. Ela é comum nos adolescentes e muitos a enfrentam no início da casa dos 20 anos.

Onde, então, aprendemos que o dinheiro é tudo o que importa? Hoje em dia, isso também é de conhecimento corrente. Todos sabemos que na qualidade de pais transmitimos para nossos filhos o conceitos dos nossos pais... imiscuídos com alguns comentários nossos. Alguns desses pais e crianças tornam-se professores, políticos, pessoas ilustres, sacristães, policiais e todos reforçam as mensagens da infância. Eles se integram à sociedade e nos proporcionam a experiência de como são os ricos e os pobres, a classe alta e a classe baixa, as pessoas aceitáveis e as não-aceitáveis. Cabe a nós, portanto, escolher o que é verdadeiro para *nós*.

Crescer representa o processo de diferenciação entre o que é verdadeiro e o que é tapeação! E esse processo está sempre em andamento. Não teria sido possível escrever este livro sem o trabalho preliminar de esclarecimento feito antes pelos outros. E haverá outros no futuro que nos levarão mais adiante no caminho da sabedoria.

Neste livro estamos dando um passo específico em direção a uma maior confiança e auto-estima, substituindo os grilhões do dinheiro pela liberdade da abundância. Começamos por questionar as atitudes dominantes com relação à riqueza, à prosperidade, ao sucesso e ao dinheiro. Examinamos particularmente os problemas que você e outras pessoas têm a respeito do dinheiro, o que ele representa e quando os relacionamentos com ele são perniciosos. Esta análise fornece um grande número de informações a respeito do que favorece e do que atrapalha o seu progresso. Resistir só faz aumentar a dor.

O dinheiro em si não tem importância. Esta se restringe ao modo como reagimos a ele.

3

A História do Autor

Certa vez, há muito, muito tempo — ou, pelo menos, é o que me parece —, comecei a me perguntar: "Você acha que isso é vida?" E passei a questionar todas as suposições nas quais minha vida simples e difícil se baseava. Talvez a vida representasse mais do que a soma de uma carreira e a gradual acumulação de zeros. Quando volto atrás e tento descobrir em que época comecei a fazer essa pergunta, lembro-me de quando tinha cerca de 29 anos e estava escrevendo um livro chamado *Business as if People Mattered*. Nessa ocasião, fiquei muito interessado na questão da motivação e no "por quê?" que estava por trás de "o quê?" Preocupar-me com as outras pessoas e tentar descobrir se eram felizes no trabalho pareceu-me uma prioridade muito débil, ou, na melhor das hipóteses, um meio para chegar a um fim. Se elas estiverem felizes, sem dúvida se esforçarão mais. Lembro-me de, naquela ocasião, ter feito um pequeno discurso na festa de despedida de uma pessoa durante o qual eu disse que Jill estava indo embora porque ela não tinha mais prazer em trabalhar lá e que uma outra coisa mais divertida a atraía para outro lugar. Também disse: "Se você não está se divertindo no seu local de trabalho, transforme-o, porque esta é a única razão válida para você ficar lá." Minha audiência ouvia em silêncio, aturdida e chocada. O meu conceito estava completamente além da compreensão de todos.

MAIS DIVERSÃO DO QUE TRABALHO

Mais ou menos nessa época, criei a frase "mais diversão do que trabalho", querendo dizer que a vida pode conter mais coisas do que apenas o trabalho e o dinheiro que ele gera, e que o trabalho foi feito para ser divertido — mais divertido do que apenas trabalho. Sempre me vi mais atraído pela teoria Y em oposição à teoria X, mas parecia — e ainda parece — que a maneira como os negócios são montados e põem em prática a teoria X, com ameaças e promessas mais poderosas, ainda é a ordem do dia e, irritantemente, o que parece funcionar melhor. Enquanto o objetivo for o lucro, o crescimento e o desenvolvimento à custa da humanidade, só há lugar de fato para a teoria X. É exatamente isso o que eu estava questionando. De início, eu acreditava que consertar o mecanismo, introduzir uma quantidade maior da teoria Y, ou seja, mais preocupação e sensibilidade com as pessoas, resolveria o problema. Com o passar do tempo, percebi que as circunstâncias precisam se modificar. Tanto nos negócios quanto na política, não basta consertar o mecanismo.

Essa questão sobre a vida pôs-se mais uma vez em evidência quando li a esplêndida obra de Eric Berne, *Games People Play*. Ele abriu completamente os meus olhos, e nunca mais me esqueci de que foi esse livro pequeno e singelo a respeito de pessoas verdadeiras, escrito numa linguagem simples, que me mostrou um novo caminho, e não um compêndio teórico e profundo, repleto de uma terminologia complicada e com uma estrutura de frases incompreensíveis. Nesses últimos dez anos, tenho me visto representando esse mesmo papel: oferecer às pessoas a oportunidade de dar os primeiros passos rumo à transformação, e nos últimos cinco anos tenho me disposto cada vez mais a atuar como sustentáculo e guia num estágio avançado do caminho. Em decorrência disso, contadores passaram a efetuar curas, engenheiros tornaram-se instrutores e, de um modo geral, as pessoas deixaram um trabalho que as debilitava e passaram a exercer uma atividade divertida e que lhes rende dinheiro.

OUTRO MUNDO

Antes mesmo disso, quando eu tinha apenas 18 anos e estava vivendo a transição do colégio para a faculdade, meu sistema complacente, conservador e superficial recebeu um choque violento na pessoa de uma senhora chamada Susan. Ela representava um mundo completamente diferente; um mundo que eu intuitivamente sabia ser o único mundo verdadeiro; um mundo honesto, autêntico, em harmonia com a natureza e que despreza a cultura materialista empenhada na própria destruição. Ela me fez questionar a carreira que eu pretendia seguir e as suposições que eu estava fazendo, favorecendo a possibilidade de algo que continha um verdadeiro significado e uma incomparável beleza — e eu resisti furiosamente!

Antes disso, jamais me ocorrera de fato questionar as regras. A vida envolvia claramente trabalhar com empenho, distinguir-se, prestar exames e ganhar bolsas de estudo, fazer apenas as coisas que se sabe fazer bem, divertir-se quando há tempo, ser responsável e cuidar de si mesmo. As aparências eram tudo, e o jogo se chamava "Chegar ao Topo da Montanha". Era um jogo interessante, e eu o jogava bem, mas faltava algo fundamental.

Nessa época, eu nunca tinha ouvido falar em subpersonalidade e psicossíntese, de modo que parecia muito estranho sentir-me como se eu fosse duas pessoas ao mesmo tempo — uma que seguia uma carreira e se esforçava por percorrer os trinta e dois níveis administrativos da Unilever, e a outra vagamente consciente de que tudo aquilo era superficial e sem sentido, e não conseguia compreender a essência da questão. Mas qual era essa essência? Descobri a partir de então que quase todo mundo entre os 25 e os 35 anos faz perguntas do tipo, "E eu? Quando chegará a minha vez? Esquecer o que faço, o meu papel, o meu *status* na hierarquia social, valorizar-me pelo que sou?" E aqueles que não fazem essas perguntas enfrentam outras ainda mais difíceis dez anos depois, na crise da meia-idade.

ABANDONANDO A GAIOLA DE OURO

Mais tarde eu descobri que a idade de 29 anos, "o retorno de Saturno", é um momento em que se costuma procurar as respostas para essas perguntas fundamentais. É um ponto crítico crucial na vida da maioria das pessoas, o início de uma fase nova e importante na qual abandonamos o caminho de vida que havíamos começado a percorrer e passamos a fazer nós mesmos as nossas opções. Com freqüência, é nessa época que as pessoas saem de casa, cortam relações com os pais e, caso tenham casado cedo, rompem seus relacionamentos em busca de um recomeço. Não que as estrelas e os planetas tomem alguma decisão por nós; quando muito eles definem possibilidades, pontos de decisão, e somos nós que resolvemos o que fazer a respeito. A maioria das pessoas não enxerga as possibilidades e avança cegamente em direção à próxima oportunidade perdida.

Comecei a me sentir cada vez menos à vontade com relação a seguir um conjunto de regras e a participar de um jogo sem sentido, e passei a contemplar a possibilidade de trabalhar por conta própria. Registrei meu negócio no dia 1º de janeiro de 1979 e nesse mesmo dia a companhia para a qual eu ainda trabalhava promoveu-me a diretor! Descobri naquele momento que sempre que as pessoas tomam decisões importantes a respeito do rumo de suas vidas, elas obtêm um profundo *feedback*. Esse novo cargo, que eu havia esperado durante cinco longos anos, parecia estar me testando. Eu queria realmente administrar meu próprio negócio? Será que, na verdade, eu não preferia permanecer na suposta segurança de um emprego respeitável? Cheguei à conclusão de que doze meses na diretoria aumentariam minha credibilidade no contato com os diretores de *marketing* no que dizia respeito ao trabalho com projetos. Assim sendo, aceitei o cargo e resolvi aproveitar o ano seguinte para fazer mais contatos. Por volta de fevereiro de 1980 eu já estava farto e pronto para descer da montanha e trabalhar por conta própria. Decidi pedir demissão no final de fevereiro, porém três dias antes de eu me manifestar, a empresa resolveu extinguir o meu cargo! Mais *feedback* do universo! E uma providencial ajuda para minhas finanças nos primeiros meses em que trabalhei por conta própria.

Abandonar a aparente segurança de um emprego pode ser muito angustiante. Numa grande companhia eles a chamam de "gaiola de ouro". Muitos dos incentivos para seguirmos as regras podem ser sedutores e cômodos, mas as grades da gaiola também são bem reais.

DESCOBRINDO A VISÃO

Durante cerca de doze meses trabalhei como consultor de *marketing* e então, em junho de 1981, entrei em contato com uma pequena companhia chamada URBED, na época às voltas com os primeiros estágios de um treinamento pioneiro e de programas de desenvolvimento para novos pequenos negócios. A partir de então, este tem sido o contexto do meu trabalho.

Nas grandes companhias, nunca me pareceu possível trabalhar com as pessoas como pessoas, ao passo que numa empresa pequena, na qual eu posso trabalhar com o diretor administrativo ou com um único negociante que talvez trabalhe com uma pequena rede de associados, é possível explorar o que considero o aspecto mais importante da área dos negócios — o desenvolvimento da visão pessoal e do mérito individual. Descobri o valor de trabalhar dentro de um grupo de apoio e colegas, que contava na época com a participação de Ronnie Lessem, Tony Morrison e Nick Falk. Trabalhando com eles, compreendi que muitos dos meus conceitos a respeito do trabalho e da vida não eram simplesmente aberrações mentais. Muitas outras pessoas como eles, bem como escritores respeitados como Abraham Maslow, o fundador da psicologia humanística, estavam questionando as suposições da sociedade dominante. Por meio deles, conheci o Centro para o Desenvolvimento Social em Forest Row e algumas das aplicações práticas de Gurdjieff, Ouspensky e Fromm. Mas o contato mais importante foi provavelmente com Kevin Kingsland, que desenvolvera um modelo prático e acessível de interação humana denominado Teoria Espectral, porque usava as sete cores do arco-íris como código de taquigrafia. A maneira como percebi e desenvolvi esse modelo abrange uma grande parte do sétimo e nono capítulos deste livro.

ENCONTRANDO O MEU LUGAR

Durante cinco anos, de 1981 a 1986, grande parte do meu trabalho concentrou-se na URBED e em novos lançamentos de negócios, além do trabalho de consultoria de *marketing* para outros clientes. Foi um período de consolidação, de fortalecimento da minha abordagem e reconhecimento da contribuição que eu poderia dar. Parecia loucura empenhar tanta energia para dar o primeiro impulso aos negócios e não fornecer um apoio permanente durante os difíceis primeiros cinco ou dez anos. Assim, em 1983, comecei a desenvolver programas de acompanhamento que se seguiriam à criação dos negócios, e a insistir com várias pessoas que detinham posições de responsabilidade no governo para que considerassem financiar esses programas. Em 1985, quando elas finalmente cederam e estabeleceram um pequeno orçamento para patrocinar programas de acompanhamento, eu era praticamente a única pessoa em Londres capaz de atuar nessa área.

Minha fascinação pela psicologia prática e pela integração do desenvolvimento pessoal por meio do trabalho aumentou. Este processo recebeu um grande impulso quando afinal me dirigi à Findhorn Foundation em Moray Firth na Escócia, e obtive muito mais do que pedira! Fui até lá para ver se poderia conduzir seminários para eles; em vez disso, encontrei um perfeito contexto de aprendizado para mim mesmo. Grande parte do que se segue representa minha experiência e as conclusões a que cheguei a respeito de integrar a dimensão espiritual às realidades práticas da vida durante o período que passei em Findhorn.

O CAMINHO PARA FINDHORN

Meu percurso até chegar em Findhorn foi relativamente tortuoso. Quase todas as pessoas que lá aportam têm histórias semelhantes para contar. Li o livro *Aquarian Conspiracy* da escritora americana Marilyn Ferguson, e detectei sua ramificação britânica, a Business Network, estreitamente relacionada com Findhorn. Mas a jornada realmente teve início quando comecei a questionar a norma cultural há vinte anos. Os acontecimentos do início de 1985 desencadearam a crise. Eu me estabelecera, comprando uma casa que praticamente não tinha condições de pagar. A hipoteca era exorbitante, mas o ano de 1985 parecia promissor. Em três semanas, as taxas de juros subiram e eu perdia minhas duas principais fontes de renda. Num curto espaço de tempo me vi numa situação extremamente delicada. O gerente do banco demonstrou um grande interesse pela situação, e quando brinquei dizendo que talvez precisasse vender a casa, ele retrucou: "Acho uma excelente idéia!" Ele *não estava* brincando. Meu coração petrificou-se. Não era apenas uma casa; EU é que estava sendo traído. Compreendi então que eu tinha mais do que apenas dinheiro investido naquela casa. Ela representava todo o meu senso de individualidade, a prova de que eu era bem-sucedido, um vencedor. Minha auto-estima e minha dignidade dependiam totalmente de eu ter uma casa, um jardim e oito aposentos só para mim. Estava em estado de choque. Culpei a tudo e a todos. Procurei febrilmente primeiro por razões, depois por explicações e finalmente por qualquer coisa melhor do que desculpas insatisfatórias para vender a casa.

A venda foi lenta e difícil... o que me deu tempo para compreender o que estava acontecendo e para tentar escapar da dificuldade. Desta vez eu não conseguiria me livrar sem lutar, ou sem experimentar a humilhação que a situação representava para mim.

Quando consegui me levar a admitir publicamente que eu fora um tolo e comecei a procurar um apartamento bem menor e mais razoável para morar, a casa foi vendida e descobri que vivera nela de graça durante dois anos.

Mais ou menos na mesma época, libertei-me também de uma longa série de relacionamentos nos quais eu procurara proteger meu orgulho ferido e minha falta de apreço. Meu único substituto da personalidade era um XR2 vermelho (e este também foi abandonado posteriormente durante uma das crises anuais do The Breakthrough Centre).

Eu me libertara das coisas que pareciam confirmar o meu senso de individualidade, mas que na verdade o *negavam*. Assim, foi numa época de despertar que eu cheguei a Findhorn. E qual o anjo que me apareceu no final da minha primeira semana? A abundância!

A catalisação

Findhorn (A Fundação, não o lugarejo vizinho) é um lugar extraordinário. É provavelmente o local mais seguro na face da Terra para nos tornarmos mais nós mesmos. Lá não existe nenhum dogma, religião nem insistência para que aceitemos uma abordagem particular ou avancemos num ritmo específico. Aprendemos e crescemos na nossa própria cadência; assumimos a responsabilidade pela nossa experiência particular. Ninguém nos pressiona, ninguém nos julga e amiúde irritantemente, ninguém explica qual é a mensagem — precisamos descobri-la sozinhos. E todos apóiam o nosso processo à sua própria maneira (o que pode incluir não dar atenção a nós e nos desafiar, mas raramente sendo rude ou desagradável). A maioria das pessoas considera sua primeira semana em Findhorn — seja numa semana experimental ou por ocasião de alguma conferência — um processo de transformação, que produz uma profunda catalisação e gera um momento decisivo na vida. A maioria das pessoas decide ficar mais tempo, ou voltar com uma certa regularidade. Já faço isso há sete anos, e costumo ficar de uma semana a vários meses. Se estiver pensando em desenvolver seu potencial para tornar-se quem você realmente é, recomendo que faça uma visita a Findhorn.

MUDANDO DE RUMO

Venho dedicando cada vez mais tempo, nos últimos anos, ao meu desenvolvimento pessoal. Eu virtude disso, minha vida está mais rica em todos os sentidos. O desenvolvimento pessoal tornou-se o elemento fundamental do que eu transmito nos meus treinamentos, nas sessões de aconselhamento e nos trabalhos escritos. Existem literalmente milhões de pessoas na Grã-Bretanha — bem como em dezenas de outros países em todo o mundo — que estão seguindo um padrão semelhante de vida. Elas começam num determinado caminho, conscientizando-se da existência de outros caminhos: num determinado momento mudam de direção e penetram, a seguir, em território virgem onde criam a cada dia e a cada hora seus próprios caminhos. Conheço apenas um outro livro que descreve o processo de mudança de uma carreira superficial para uma vida autêntica e interiormente orientada dentro do contexto do trabalho e do ambiente comercial; trata-se de *The Barefoot Accountant*, de Jonathan Clark. Muitos livros descrevem a jornada espiritual das pessoas, mas nenhum deles aborda a maneira pela qual elas integram esse processo à sua vida cotidiana e à sua sobrevivência financeira. Sinto que é importante as pessoas poderem sentir que têm condições de empreender essa jornada, a jornada suprema da descoberta — a descoberta do eu — sem precisarem se tornar monges ou freiras.

É assim que vejo a minha vida agora, não apenas como uma série de lições para mim mesmo, mas também como um modelo ou exemplo para outras pessoas. Sinto que é possível sermos nós mesmos e ao mesmo tempo seres humanos verdadeiros que fazem o que apreciam em vez de apenas gostar do que fazem, trabalhando por um motivo puramente comercial.

THE BREAKTHROUGH CENTRE

O processo de inauguração do The Breakthrough Centre encerrou um sem-número de valiosas lições a respeito da confiança, da renúncia, do compromisso, da manifestação da intenção transparente e da atitude correta, e muitas delas não foram indolores. Estou certo de que você encontrará semelhanças com a sua experiência particular e descobrirá que muitas das minhas lições servem para você, porque os instrutores e terapeutas em geral atraem para si pessoas que estão lidando com problemas que elas precisaram enfrentar recentemente. Na minha opinião, o papel fundamental dos instrutores e terapeutas é compartilhar seu desenvolvimento e experiência com pessoas que estão passando por essas mesmas experiências. Durante a leitura deste capítulo, sugiro que o compare com a sua experiência pessoal de dar um passo importante ou contemplar essa possibilidade. Você poderá muito bem descobrir que certas circunstâncias que considerou negativas podem ser reestruturadas e transformadas em algo mais positivo.

O primeiro passo

A primeira lição que recebi durante o processo de inauguração do The Breakthrough Centre foi que uma boa idéia muitas vezes assume de início uma forma errada. Eu estava convencido de que deveria fundar primeiro um centro na Escócia e trabalhar na atmosfera iluminada da Findhorn Foundation. Achava que poderia acrescentar uma dimensão útil a esse centro de desenvolvimento pessoal. Durante dois anos trabalhei nesse sentido e tomei providências para deixar os meus negócios em Londres nas mãos de outras pessoas em troca de uma renda regular nas ocasiões em que visitasse Londres a partir daquele momento. Na hora do aperto, quando cheguei em Findhorn em julho de 1987 pronto para tomar as últimas providências no sentido de me tornar ali um membro independente, descobri que não havia uma oportunidade para o que eu queria oferecer! Com efeito, 24 horas depois da minha chegada eu torcera os dois tornozelos — um indício seguro da necessidade de uma mudança de rumo!

Comecei então a tentar reunir um grupo de pessoas num empreendimento conjunto em Londres, e descobri mais uma vez que todo o interesse desaparecia quando eu mencionava o compromisso financeiro!

Colisão com o destino

O *feedback* óbvio que eu estava recebendo era "Trabalhe sozinho em Londres". Passei quase seis meses em Findhorn em 1987. No final da minha permanência, estava tão incerto sobre o que eu deveria estar fazendo quanto no início, mas dirigindo meu carro de volta da Escócia no final de janeiro de 1988 tudo se esclareceu. Cochilar na estrada e colidir com o canteiro central foi de grande ajuda! Eu literalmente despertei e tudo que vinha pensando nos dois anos e meio anteriores tomou forma no intervalo de cinco dias. O que emergiu foi o conceito do meu centro de treinamento onde haveria um espaço para alugar, um serviço de rede de informações e um programa integrado de apoio para as pessoas que assumiam a responsabilidade pela sua vida trabalhando por conta própria ou trilhando outros caminhos de crescimento pessoal. Compreendi que as novas idéias precisam de um generoso período de incubação, durante o qual se formam ligações e ocorrem uma intensa atividade pessoal e muitos pensamentos. Depois, quando o momento propício chega, a conversão para um princípio exeqüível é rápida. Precisei atingir o ponto de acreditar que eu seria bem-sucedido sem depender dos outros para minha credibilidade. Muitas vezes, a única pessoa a quem preciso convencer sou eu mesmo.

A energia segue a forma

Uma vez que a idéia assume aproximadamente a forma adequada, e todas as alternativas e opções conciliadoras motivadas pela falta de auto-estima e confiança em si mesmo tenham sido analisadas e rejeitadas, o progresso passa a ser rápido. A energia segue a forma. O potencial ou energia está sempre presente; precisamos apenas descobrir a forma ou o canal adequado através do qual ela possa fluir, penetrando nele a seguir. Cada componente da máquina a vapor, por exemplo, estava tecnologicamente disponível na época de Júlio César, mas foram necessários 1.800 anos para que Watt produzisse a combinação correta para que essa energia fosse aproveitada. No meu caso particular, a combinação adequada para que a energia fosse utilizada era o local do meu empreendimento. Há doze meses eu já sabia da sua existência e, como eu estava procurando primeiro na Escócia e depois contemplando projetos mais grandiosos, eu o desprezei — o local era caro demais. E assim lá ele ficou, um prédio comercial excelente e disponível — na ocasião um bem virtualmente inacessível, esperando durante doze meses até eu perceber que precisava dele. Examinei o prédio no dia 2 de fevereiro, cinco dias depois de deixar Findhorn, e paguei o depósito de 250 libras para reservá-lo por quatro semanas. Eu tinha dez por cento da quantia necessária para poder comprar o prédio e equipá-lo adequadamente. Dezesseis semanas mais tarde, depois de levantar as 122.000 libras pedidas e concluir as obras necessárias, inauguramos o local. Foi durante esse processo que recebi as lições sobre confiança!

86.000 libras, por favor!

Meus primeiros esforços para conseguir o dinheiro com a ajuda de um especialista em financiamentos fracassaram por completo. Meu pedido foi recusado três vezes. Houve porém uma vantagem: aprendi o que eu precisava dizer na proposta e o que tinha de ser feito. O plano não estava completo e algo impedia o progresso do projeto. Recuei um pouco e compreendi que precisava desenvolver um planejamento de *marketing* para identificar clientes. O dinheiro começou a entrar. Enquanto isso, eu ainda não tinha nem sequer conversado com o gerente do banco. Telefonei numa quinta-feira: "Estou com um problema. Preciso de 86.000 libras na segunda-feira para garantir a compra de uma propriedade. Pode me ajudar?" Conversamos durante um ou dois minutos e ele disse: "A proposta parece interessante, mas eu gostaria de vê-lo pessoalmente!" Fui procurá-lo na segunda-feira e, após conversarmos, ele explicou: "Não tenho como conseguir o dinheiro para você hoje, mas será que pode esperar até sexta-feira?"

Quando as coisas dão certo, tudo é muito fácil. Assim sendo, concluí a transação da compra. Pouco depois, porém, o dinheiro deixou novamente de entrar, e parecia que todo o projeto iria fracassar. Recuei mais uma vez e percebi que eu *dissera* que iria providenciar o *marketing*, mas na realidade não o fizera. Quando de fato implementei o plano de *marketing* a energia voltou a fluir e o dinheiro recomeçou a entrar.

O Anjo da Confiança

Esse mesmo processo de recuo não deu certo para as últimas 13.000 libras do financiamento. Olhando para trás, me dei conta de que elas chegaram na última hora e compreendi que isso significava começar a pagar o empréstimo mais tarde. O Universo estava empregando um bom critério de administração financeira no meu caso! Ele também nos forneceu menos do que havíamos pedido no total, de modo que passamos o ano com 11.000 libras a menos do que eu pensara precisar. A falta de dinheiro faz com que a mente se concentre maravilhosamente, ao passo que o excesso pode em pouco tempo produzir a complacência. Ao inaugurar o The Breakthrough Centre no dia 24 de maio de 1988, o Anjo da Confiança foi retirado de um trabalho composto de Cartas de Anjos. Era uma maneira de iluminar o Centro que, a partir daquele momento, passou a girar em torno da confiança.

Tornando-se receptivo

Em agosto de 1988, por exemplo, me dei conta de que precisávamos de 1.500 libras. Lembro que "me abri para receber esse dinheiro". Em uma hora, dois telefonemas (um que eu dei e outro que recebi) trouxeram cerca de 1.600 libras e, sem sombra de dúvida, também precisávamos dessas 100 libras adicionais. Mais ou menos na mesma época, estava precisando de ajuda no Centro, e assim, mais uma vez, "me abri também para receber isso". Em 48 horas, as duas pessoas de que eu precisava ingressaram no Centro, e Fiona ainda está conosco participando cada vez mais ativamente do desenvolvimento do Centro e também da minha vida e do meu crescimento pessoal. Sim, eu precisei me tornar receptivo a isso também, e não compreendi que estava procurando duas pessoas e não três.

A preocupação criativa

Que outras provas alguém poderia desejar para se convencer de estar no caminho certo? Mas eu não estava convencido! Eu tinha que tornar a vida difícil, afinal, "só conseguimos o que queremos quando trabalhamos arduamente!" Assim sendo, todos os meses eu entrava em pânico por causa de dinheiro — do dinheiro do mês, do dinheiro do mês seguinte, do dinheiro do ano seguinte — não tinha importância, desde que eu pudesse me preocupar! Aprendi muito a respeito de como é o pânico produtivo. Ele produz o estresse, a paranóia e uma crescente taxa de crescimento relacionada com as coisas que provocam pânico. Usando uma única ferramenta, a preocupação, consegui desmaterializar um importante cliente e fiquei com o ombro enrijecido durante seis meses.

DEIXE A ENERGIA FLUIR

Nossa primeira festa de aniversário conseguiu alterar em grande parte a preocupação; afinal, percebi que estávamos recebendo muito amor. Mas o que realmente acabou com a preocupação foi um compromisso finalmente assumido no início de junho. Eu vinha planejando tirar umas férias "se sobrasse tempo ou dinheiro" e não estava conseguindo nenhum dos dois. Ao voltar de uma visita a Findhorn, Fiona anunciou que nós dois iríamos até lá em agosto. Imediatamente concordei e disse que achava ótima a idéia de ela passar a ter um horário mais regular no Centro em virtude de todo o trabalho que estava borbulhando por sob a superfície. Em um ou dois dias os telefonemas tiraram o sossego do Centro. Nunca estivéramos tão sem dinheiro, e o gerente do banco constantemente me lembrava de que deveríamos trabalhar com *eles*; mas o pânico desaparecera, de modo que a energia do dinheiro pôde fluir. Eis as lições que aprendi nessa ocasião.

1. A preocupação bloqueia a energia (isto é, dinheiro). A preocupação indica falta de confiança na abundância. Deixe de se preocupar para que a abundância possa fluir.

2. Decidir fazer alguma coisa não representa um compromisso. Somente quando tomamos providências é que o Universo tem certeza de que a nossa intenção é séria e nos envia o dinheiro.

3. Depois de concluir o nível O certifique-se de avançar para o nível A. (Estamos cursando agora o doutorado.)

4. Sempre que começamos a ter idéias de grandeza somos lembrados de que devemos lidar com o aqui e agora. "Tenha grandes sonhos, mas comece modestamente."

5. Quando estamos abertos para receber e ouvimos o *feedback* irrestritamente e com empenho, sem nos apegarmos ao resultado, todas as nossas necessidades são satisfeitas.

O vento revigorante da mudança

Em 1989 continuamos aprendendo e nos desenvolvendo e, no início de 1990, confesso que vislumbrava um ano mais relaxado e sem muitas preocupações financeiras. Meu anjo da guarda tinha outras idéias e claramente concluiu que chegara a hora de deixarmos o aconchegante ninho do subsídio para lançarmos nossas asas ao vento revigorante da mudança. Em março de 1990, em decorrência de uma dramática e radical mudança na política governamental, vimo-nos, de repente, diante de uma redução de cerca de 30.000 libras em nossa renda anual. Estamos conseguindo cada vez mais perceber as lições na nossa experiência, de modo que depois do choque e da raiva iniciais, reexaminamos o planejamento anual para certificar que uma nova porta poderia estar se abrindo uma vez que a velha parecia estar se fechando.

Durante dois anos conseguiríamos atrair um fluxo constante de pessoas ao Breakthrough Club e aos nossos seminários. Por conseguinte, chegamos à conclusão de que nesse caminho poderíamos compensar a diminuição de outras fontes, sobretudo porque, depois dos cortes do governo, parecia haver apenas uma pequena quantidade disponível no treinamento do desenvolvimento em pequenas empresas.

Por isso, estabelecemos uma nova meta — aumentar o quadro de associados do Breakthrough Club de 35 para 150 até o final de julho. Nos seminários sempre lembro aos presentes que é preciso deixar claro às pessoas e aos contatos que temos, de fato, interesse em aumentar o número de associados! Caso contrário eles supõem que estamos ocupados demais, que nos sentiríamos insultados ou algo assim! Desta maneira... ficamos claramente abertos a essa nova filosofia.

As dificuldades iniciais

Para conseguir aumentar o número de associados, nos perguntamos o que estávamos oferecendo e a quem.

Recorremos a um consultor de criatividade pelo qual nutríamos profundo respeito, e depois submetemos um questionário a uma dúzia de pessoas que nos conheciam muito bem. Queríamos definir os seguintes itens:

- Como servimos aos nossos clientes?
- O que realmente proporcionamos?
- O que eles consideram essencial em nós?
- Qual é o nosso mercado?

Examinamos todas as respostas e as usamos como base para uma sessão de *brainstorming*. Isso nos deu muitos esclarecimentos necessários.

Um oásis de paz

Descrevo abaixo as principais idéias que surgiram. Elas nos possibilitam dar um importante passo para longe das concessões, e na direção de sermos quem realmente somos.

> The Breakthrough Centre é um Centro Comercial com um coração, um Centro Comercial positivo. Ele parece um porto, um oásis de paz, um santuário numa cidade maluca e apinhada. Acima de tudo, ele proporciona espaço, apoio, ajuda prática e sucesso. Nós puxamos as cortinas para que

você possa olhar pela janela. Abrimos as persianas. Abrimos sua cabeça e seu coração. Criamos um espaço onde você pode aprender a enfrentar verdades desagradáveis sem sentir-se ameaçado ou diminuído. E tudo isso por causa do espaço no qual funcionamos, o The Breakthrough Centre.

Essas eram palavras-chave que possuíam muita magia além de uma profundidade e conotação antes desconhecidas.

A mensagem essencial que emergiu foi "VOCÊ PODE": é possível realizar uma mudança fundamental.

O trabalho é o contexto para o crescimento pessoal

O "grupo-alvo" que definimos era formado por pessoas que, em maior ou menor escala, estavam trabalhando *para* si mesmas e *em* si mesmas. Homens e mulheres de negócios em busca de uma dimensão espiritual mais profunda; pessoas que procuravam um apoio comercial, pessoal e "espiritual"; pessoas em busca de "algo mais", muitas vezes atraídas sem estar necessariamente muito conscientes no início; indivíduos com um senso comunitário mais intenso (local e global). Além de um grande número de pessoas que trabalhavam por conta própria em busca de uma consultoria comercial clara e direta. Em resumo, queríamos atingir pessoas que encaram o treinamento comercial e/ou o desenvolvimento pessoal como um aspecto prioritário do seu negócio. Chegamos à conclusão de que o The Breakthrough Centre era o único lugar que combinava o desenvolvimento pessoal com o trabalho autônomo e o crescimento comercial.

Temos avançado a partir de então com uma determinação ainda maior, propondo que o trabalho é o seminário supremo do desenvolvimento pessoal.

Como atrair a abundância

Esta análise nos ensinou muito a respeito da melhor maneira de atrair 100 novos membros e, no final de julho, apesar de não termos atingido a meta dos 150 membros, já tínhamos setenta. (Podemos decidir *o quê*, mas o Universo tem a última palavra no que diz respeito a *quando*!)

Concentramo-nos também em "negócios ecológicos, éticos, holísticos, criativos, artísticos e alinhados com a espiritualidade", e constatamos que esse enfoque *mais estreito* atraía *mais* pessoas para nós, inclusive muitas que normalmente não se considerariam incluídas nessa categoria, mas que acharam que nossa abordagem fazia bastante sentido para elas.

Eliminando o apego

Enquanto implementávamos este plano de emergência, conseguimos um grande contrato da Training Agency. Este e outros contratos que foram reativados na mesma ocasião eliminaram o déficit de 30.000 libras do contrato anterior gerando inclusive uma reserva! Este foi para mim um belo exemplo de que deixar de nos preocuparmos e eliminar o apego permite-nos obter o que queremos de uma forma melhor e diferente. Tenho certeza de que se tivéssemos deixado que o nosso ressentimento se espalhasse à nossa volta, não teríamos sido protegidos dessa maneira; a eliminação do nosso apego diante de uma solução particular permitiu o surgimento de uma nova solução. Manifestamos a nossa raiva, esquecemos dela, e a resposta nos foi dada de presente. Desse modo, não apenas duplicamos o número de membros do Centro e estabelecemos uma base realmente firme para o seu futuro crescimento, como também conseguimos um novo patrocínio para organizar programas que há dois anos vínhamos querendo apresentar.

A notícia do novo contrato chegou uma hora antes de eu me reunir com vinte pessoas que dirigiam outros Centros numa sessão de fim de semana em Runnings Park. O grupo manifestou uma forte necessidade de obter treinamento e apoio comercial, e pude oferecer a possibilidade de eventos patrocinados, gratuitos.

O fato de sermos mais verdadeiros conosco e de fazer o que achávamos certo em vez de nos restringirmos a uma estreita percepção do que julgávamos que tínhamos de fazer, fez com que os negócios dessem muito mais certo.

É claro que não estamos sozinhos nessa experiência. Muitos amigos me dizem que quando decidem trabalhar por conta própria, começam de repente a receber ofertas de empregos muito *bem* remunerados (que geralmente vinham tentando conseguir sem êxito durante meses). A explicação é simples — a energia deles é boa porque estão concentrados em serem autênticos. Quando desviamos a atenção e olhamos para o outro lado, aquilo de que mais precisamos muitas vezes surge de um modo indireto.

Um notável exemplo de como isso pode ser relaxante aconteceu certa tarde quando Fiona chegou à conclusão de que precisava muito ficar tranqüila e relaxar lendo um bom livro. A única coisa que faria seria atender ao telefone. O aparelho tocou seis ou sete vezes naquela tarde — resultando em 3.000 libras em novos negócios, e numa prova adicional de que ficar desligado, relaxado e aberto pode ser extremamente proveitoso.

REAL OU SUPERFICIAL?

Essa história demonstra a importância de trabalharmos com a mentalidade da época, em harmonia com o eu e o meio ambiente e fazermos o que é necessário. O trabalho holístico está repleto de descobertas felizes e inesperadas, coincidências, sorte e desafios ao Eu. Ele começa com o Eu e toma conta do Eu, ao passo que o trabalho convencional tende a começar com a superficialidade e o Ego e também é aí que ele termina. Ambos abordam o trabalho, mas de maneiras diferentes de acordo com cada objetivo. O primeiro realiza a si mesmo em seu processo; o outro é obcecado por resultados e raramente é satisfatório. A escolha é sua!

O papel do relacionamento

Até 1988, quando inaugurei o The Breakthrough Centre, a maior parte do meu trabalho de desenvolvimento individual acontecera nos meus relacionamentos pessoais. Eu dependia de ter um relacionamento atraente para provar que era aceito. A única maneira de poder amar a mim mesmo era sendo amado por uma outra pessoa — valorização externa. Isso significa que durante 25 anos alternadamente magoei as pessoas e fui magoado nos relacionamentos. Houve exceções ocasionais, que ratificaram um senso do eu não distorcido, e estou começando a compreendê-las agora. Creio que minha história tornou claro que o

Breakthrough foi o "relacionamento" que não envolveu nenhuma dor, que atraiu o comprometimento que esteve em geral ausente nos relacionamentos pessoais (de uma parte ou da outra) e que criou o espaço no qual eu pude pelo menos me avaliar, de dentro para fora. E ele exerce esse mesmo efeito em centenas de pessoas que também passam por ele.

Depois de encontrar esse espaço de auto-aperfeiçoamento, o relacionamento entrou numa nova fase. Carl Rogers diz que só existe relacionamento quando há uma preocupação mútua pelo parceiro e pelo crescimento dele. Isso significa que o relacionamento precisa ser capaz de enfrentar o lado sombrio — de encorajá-lo a se expressar, a ser reconhecido e libertado. Desde que ambos se aperfeiçoem e proporcionem um ao outro apoio e desafio neste processo, existe o relacionamento. Assim, Fiona "chama minha atenção" quando volto aos antigos padrões de preocupação, ansiedade, auto-reprovação e autoparabenização, e facilita o processo doloroso de crescimento através da angústia existencial e dos sentimentos de redespertar. Espero e acredito estar fazendo algo semelhante por ela.

Assuntos de criança

Minha filha Lorna, agora com 15 anos, também tem estado envolvida com o desenvolvimento do Centro, e nosso relacionamento "levantou vôo" a partir do momento em que ela passou a se dedicar ao seu desenvolvimento pessoal. Usando o Centro como base, ela experimentou várias maneiras de criar um espaço seguro no qual as crianças que estão enfrentando a transição para a idade adulta possam conversar a respeito das coisas que as preocupam — umas com as outras, em vez de com adultos que, mesmo muito bem-intencionados, estão por demais afastados do problema para sentir empatia pelo que está acontecendo. Ela conduziu seu primeiro seminário aos 12 anos e apareceu na televisão, no Canal 4, um ano depois. O GCSE* e os intermináveis exames que as crianças têm que enfrentar agora, praticamente todos os dias do ano letivo, obstruíram temporariamente esse processo. Mas a necessi-

---

* GCSE — General Certificate of Secondary Education (Diploma de 2º Grau) (N.T.)

dade de as crianças e adolescentes receberem uma *verdadeira* educação, além de serem entupidas de informações cuja utilidade é com freqüência bastante dúbia, está em ascensão. Consigo ver Lorna e o Centro retornando a esse tema num prazo relativamente curto.

Períodos críticos

E isso foi em grande parte o que aconteceu nos tumultuados dias de 1989 e 1990. Começamos a trabalhar com empresários russos no final de 1990, e depois na Irlanda e em Cortijo Romero, o centro de recreação holístico nas montanhas do sul da Espanha, em 1991. Isso indica a nossa possível direção. Mas ainda não chegou a hora. Recebemos indícios de como será o nosso futuro, e a seguir somos obrigados a nos refrear. O envolvimento com os russos cambaleia; o primeiro evento na Espanha é prejudicado pela crise no Golfo. E tudo isso, é claro, é mais um teste para saber se essas ocorrências estão despertando o presunçoso monstro do Ego.

Aprendemos o tempo todo a esclarecer o mais possível as nossas intenções e a ficarmos abertos a tudo o que for preciso. O ano de 1991, por exemplo, foi brilhante para nós até agosto. Mesmo que eu estabelecesse um objetivo "impossível" ele era quase que totalmente atingido. Ocorreu então uma outra crise gerada pela política do governo. A crise sempre tem algo a nos dizer, e essas crises políticas anuais nos disseram "que estávamos fazendo algo de valor. O Universo nos apóia fornecendo-nos o dinheiro de que precisamos, mas nós não dependemos desse dinheiro. Se nos acomodamos e deixamos de nos esforçar por prestar nossa contribuição, o fornecimento é interrompido".

A crise nos forçou a fazer uma reavaliação. Pensei seriamente em fechar o Centro, supondo que embora tudo fosse muito divertido eu provavelmente dera algum passo errado em algum ponto. Uma parte de mim tinha uma visão muito positiva, e dizia: "não estou apegado ao sucesso deste lugar" e uma outra parte antiga e cheia de ressentimento dizia: "veja só o que você me fez fazer!" Decidi simultaneamente que iríamos investir tudo no Breakthrought Club... ou quebrar. E também concluí que chegara o momento de procurarmos novos sócios/associados/patrocinadores para preencher o espaço criado pela gradual retirada de apoio aos pequenos negócios por parte do governo.

O que aconteceu? Começamos a atrair um número maior de clientes pagantes: o Clube alcançou em quatro meses a marca dos 100 associados; temos pelo menos cinco possibilidades extremamente estimulantes de novas associações; a Grécia e a Escócia foram incluídas na minha lista de locais que serviriam de sede para eventos a serem realizados em 1992 e 1993; e recuperamos 9.000 libras do financiamento público que havíamos perdido. Ainda estamos no vermelho por causa da *última* crise, mas isso também nos ensina muito a respeito de como o débito também é uma forma de abundância.

Um salto de fé

A vida tornou-se uma série de enormes saltos de fé. Os testes ficam cada vez maiores — há mais a renunciar, mais a arriscar, mais a enfrentar, mais em que confiar e uma maior abundância à medida que nossas necessidades crescem e respondemos ao *feedback.*

O "eu" isolado que começou esta história, procurando um "nós" para confirmá-lo, tornou-se um "nós" interligado que contém um "eu" que depende de si mesmo. Isso aconteceu, *como acontecerá a todos que empreenderem a jornada*, através de uma percepção diferente do trabalho. Primeiro eu o encarei como sobrevivência e depois como divertimento. A seguir ele tornou-se um contexto para o crescimento pessoal e depois passará a ser um processo de cura que levita ao redor do planeta.

A preocupação bloqueia a energia.

4

Além da Consciência da Prosperidade

Minha experiência pessoal, descrita em linhas gerais no Capítulo 3, me sugere fortemente que existe uma alternativa à luta selvagem, árdua e debilitante da sociedade de consumo.

Sem dúvida *é* possível nos divertirmos, nos realizarmos e desfrutarmos uma experiência exuberante composta de abundantes recursos sem sermos atormentados pelas exigências e pressões que nos são impostas pela tirania do dinheiro.

Esse conceito pode parecer semelhante à noção da consciência da prosperidade que diz que se focalizarmos a nossa consciência na prosperidade (pensamento positivo), em vez de na pobreza (pensamento negativo), todas as nossas necessidades serão satisfeitas. Não obstante, reluto em me alinhar com a consciência da prosperidade e seus seguidores. Não tenho dúvida de que o conceito tem pontos positivos, mas estou igualmente certo de que ele foi deturpado e roubado por pessoas que ainda são fiéis ao conceito obsoleto de que o dinheiro é o objetivo fundamental da vida. E isso é uma tolice perigosa e destrutiva.

Para conseguirmos nos libertar do aperto dessa filosofia, é preciso voltarmos atrás, redescobrirmos as bases da consciência da prosperidade e fazermos a distinção entre seu potencial positivo e a obstinação que ela encerrava. Lamentavelmente, esta última é que tem sido adotada pelos atuais seguidores da consciência da prosperidade.

O conceito da consciência da prosperidade é filho da Era Industrial. Suas origens provavelmente remontam a 1937 quando, após anos de pesquisas e entrevistas com os maiores milionários da época como Andrew Carnegie e Henry Ford, Napoleon Hill publicou um livro intitulado *Pense e Enriqueça*. Ele buscava uma direção comum, um conjunto de princípios e de comportamentos que distinguiriam as pessoas financeiramente mais bem-sucedidas das demais. Acredito que ele tenha encontrado esse fator diferenciador, e creio também que este se perdeu quando os conceitos de Hill foram indevidamente usados por aqueles que ainda são fiéis ao conceito obsoleto de que o dinheiro é tudo o que importa.

Hill descobriu que seu grupo de homens ricos apresentava clareza de objetivos no mais alto grau, que a mente deles se concentrava intensamente no objeto do seu desejo, que eles se afastavam de toda e qualquer coisa que pudesse abalar esse objetivo e que reforçavam constantemente tudo o que fosse positivo. Nada disso contém elementos surpreendentes, embora, como veremos, seja parcialmente falho.

Sua mais incrível descoberta foi que as pessoas excepcionalmente ricas também diziam ter fé no "infinito", afirmavam ter criado um lugar tranqüilo para meditar, declaravam participar de criações conjuntas com outras pessoas para o bem de todos, asseveravam transmutar a energia sexual numa força espiritual criativa e recorrer ao anjo da guarda da imaginação criativa. O pensamento era criativo e tinha um elemento fortemente espiritual. Havia um componente ético e espiritual na verdadeira criação da riqueza.

Pense e Enriqueça foi um nome bem escolhido para atrair leitores, considerando a obsessão reinante pelo dinheiro e o medo da insegurança que envolvia sua perda nos anos incertos que transcorreram entre o de 1929 e a Segunda Guerra Mundial. O livro poderia ter servido de ponte entre os antigos e distorcidos métodos industriais e uma abordagem mais consciente e humana da criação e distribuição da riqueza. A obra tornou claro que enriquecer envolvia mais do que apenas um foco bem-definido, e que a prática intensa nem mesmo entrava em cogitação. O verdadeiro sucesso encerrava um vigor espiritual. Examinemos o que o autor efetivamente disse.

RESUMO DE
PENSE E ENRIQUEÇA

1. Desejo

- Grave em sua mente exatamente o que quer — em valores monetários precisos.
- Determine o que dará em troca — seja um expoente na arte de dar e não de receber.
- Estabeleça a data em que possuirá o dinheiro que deseja.
- Ponha-a por escrito num pedaço de papel, assine embaixo e repita-a em voz alta logo ao acordar e imediatamente antes de adormecer.
- Esta é sua ambição, seu ardente desejo, seu objetivo apaixonado.
- Veja, sinta e acredite que já possui o dinheiro.

2. Fé

- Tenha fé em si e no Infinito, para gerar pensamentos positivos bem como sua boa "sorte".
- Reconheça que seus pensamentos dominantes se manifestarão concretamente um dia.
- Concentre-se 30 minutos por dia no pensamento positivo e 10 minutos na autoconfiança.

3. Auto-sugestão

- Crie um lugar tranqüilo onde possa se concentrar todos os dias, com fé total, no seu desejo.
- Tenha uma cópia escrita da afirmação do seu desejo num lugar em que a veja com freqüência.

4. Conhecimento Especializado

- Procure aqueles que possam lhe oferecer atalhos para as informações especializadas.

5. Imaginação

- Use a imaginação de memória sintética para organizar as coisas.

- Use a imaginação criativa para entrar em contato com novas idéias, inspirações e palpites.

6. Planejamento Organizado

- Defina um plano para adquirir o que deseja, e acrescente-o à afirmação do desejo.
- E comece AGORA, esteja ou não pronto.
- Torne-se um líder corajoso, possuidor de autocontrole, senso de justiça, determinação, uma personalidade agradável, solidariedade, compreensão, controles dos detalhes, força de vontade para assumir responsabilidades e que esteja pronto a cooperar e fazer mais do que suas obrigações exigem.

7. Decisão

- Tome a decisão... desenvolva sua força de vontade.

8. Persistência

- ... E não pare até conseguir. Continue a dizer SIM quando tudo o mais apontar para um NÃO.

9. O Poder da Mente Mestra

- Faça amizade com uma ou quantas pessoas forem necessárias para criar e levar adiante seus planos, e seja claro a respeito do que você lhes oferece em troca da sua cooperação.
- Escolha com cuidado seus parceiros na vida e nos negócios, e conserve a autoconfiança.
- Reúna-se com seu grupo da Mente Mestra duas vezes por semana ou com uma freqüência ainda maior até o plano ser aperfeiçoado.
- Preserve uma perfeita harmonia com cada membro do grupo da Mente Mestra.
- Reconheça que vários cérebros reunidos geram uma terceira força de natureza espiritual.

10. Transmutação Sexual

- Entre em sintonia com a irresistível energia do sexo, do amor e do romance que está especialmente disponível na faixa etária que vai dos 40 aos 60 anos.
- Transmute o desejo sexual biológico em força e entusiasmo criativos espirituais.
- Reconheça que o magnetismo e o carisma pessoal é simplesmente a energia sexual bem-direcionada.
- Experimente a qualidade espiritual do amor que o coloca em contato com a inteligência Infinita.
- Faça apenas o que favorece a todos, servindo aos seus semelhantes.

11. A Mente Subconsciente

- Alimente seu subconsciente com emoções positivas — desejo, fé, amor, sexo, entusiasmo, romance, esperança..
- Afaste as emoções negativas — medo, ciúme, ódio, vingança, ganância, superstição, raiva.

12. O Cérebro

- Ponha em ordem o seu cérebro para que o subconsciente envie pensamentos positivos, a sua imaginação criativa receba a energia de pensamentos e a auto-sugestão a transmita para o mundo.

13. O Sexto Sentido

- A imaginação criativa é um anjo da guarda disponível através da meditação e do desenvolvimento interior.
- Escolha seu gabinete de "conselheiros invisíveis", recorra à energia deles e peça-lhes ajuda para solucionar problemas difíceis e ser sensível a oportunidades.
- Supere a indecisão, a dúvida e o medo... os seis fantasmas do medo — a pobreza, a crítica, a doença, o amor perdido, a velhice e a morte — e deixe de ser suscetível às influências negativas.

Você cria sua própria realidade, porque controla seus pensamentos, que sempre se concretizam.

NENHUM LUGAR PARA SE ESCONDER

Essa apresentação dos pontos mais importantes da tese de Napoleon Hill pode nos ser bastante útil se desprezarmos a preocupação excessiva com o dinheiro, bem como a repressão das "emoções negativas" e do medo. O medo e as emoções negativas só têm poder sobre nós se fugirmos deles e fingirmos que eles não existem. É muito louvável dizer SIM à vida: a recusa de examinar as partes que dizem NÃO causa o próprio fracasso. As afirmações são todas adequadas, mas se forem usadas para abafar sistemas de crença inoportunos terão sua eficácia reduzida a um período de tempo muito curto. A doença que não é tratada no início pode se transformar num câncer. Precisamos enfrentá-la. Isso também faz parte da preciosa tapeçaria da vida.

Nossa atitude histórica diante do dinheiro poderia ter se desenvolvido a partir desse ponto, seguindo uma direção mais ética, enfatizando menos a acumulação e voltando-se mais para a interação com o nosso eu espiritual como uma maneira de evoluir. Foi esta a grande descoberta de Hill. O elemento espiritual acrescentou algo à vida industrial, pois além de produzir mais dinheiro fez com que ela fizesse mais sentido. Ele tinha o potencial de restabelecer o equilíbrio de um mundo que estava perigosamente desequilibrado. Entretanto, em vez disso, os conceitos de Napoleon Hill e dos seus discípulos foram deturpados para justificar o materialismo e conferir-lhe uma qualidade ética e sagrada que ele não merece. Demos um passo atrás, escolhendo apenas o que queríamos ouvir, em vez de um passo à frente, que se baseasse no elemento espiritual e eliminasse a principal falha do livro de Hill, a supressão do que era considerado negativo.

OS PROFETAS MODERNOS DA PROSPERIDADE

A abordagem de Napoleon Hill era mais equilibrada do que a atitude dominante da sua época. Ele estava apresentando uma maneira melhor de trabalhar com um sistema velho e inadequado, uma maneira que os homens mais ricos da época demonstraram funcionar melhor. Entretanto, com o passar do tempo, a postura ética e a ligação com o infinito que caracterizaram sua obra se perderam. Os profetas modernos da prosperidade só dão valor ao dinheiro e estão irremediavelmente presos a ele para provar o seu valor pessoal. Eles deixaram totalmente de compreender que o caminho para a criação da riqueza é espiritual, valorizando, em vez disso, o imenso esforço e o árduo trabalho necessários quando tentamos enriquecer sem a ajuda espiritual. Tudo o que nos resta é o pensamento positivo e uma versão fortemente crítica da consciência da prosperidade, segundo a qual aqueles que percebem que a vida contém algo mais do que a mera ganância são claramente difamados.

Se não apoiamos o conceito do trabalho árduo e da criação da riqueza como a única virtude, somos considerados defensores dos vagabundos. O conceito de que podemos ter descoberto uma maneira de nos desviarmos do dinheiro no caminho da realização é absolutamente inconcebível. As pessoas também resistem a ele e o consideram perigoso porque poderia abalar o desgastado sistema da plutocracia.

E como acontece com uma grande parte da vida nesse momento crítico da nossa história, as atitudes e as crenças se tornaram antagônicas. Ou somos um rico baluarte da sociedade ou um zero à esquerda, um modelo de prosperidade ou um mártir da pobreza. O sutil campo intermediário, onde a riqueza é alcançada às vezes como um subproduto eventual ao seguirmos nosso coração, se perde no fogo cruzado.

Quando falamos a respeito de "reconhecer a abundância" ou de "manifestação", parece que estamos diante de conceitos que podem muito facilmente ser mal-interpretados. Até mesmo os conceitos de "pensamento positivo" e de "consciência da prosperidade" possuem um histórico impecável, e estão na origem de muitos dos mais notáveis exemplos de um "modo de vida correto" dos nossos dias. O problema é que todos esses termos foram roubados por pessoas motivadas pela ganância, pela insegurança, pelo medo e pela ostentação oriunda de uma baixa auto-estima profundamente enraizada. Sua fachada é construída com o maior requinte para dar a elas uma aparência de autoconfiança e de sólida integridade, mas ela não encerra nenhuma emoção, amor e sentimento pela abundância. Se encerrasse, por que essas pessoas teriam a necessidade de acumular dinheiro e bens materiais para provar que existem e têm valor?

Nenhuma quantidade de dinheiro é capaz de criar um sentimento de abundância, de realização ou mesmo de riqueza. A consciência da prosperidade não tem nenhuma relação com o dinheiro ou acúmulo de bens materiais. A confusão surge porque aqueles que se abrem para a prosperidade ou a abundância geralmente têm tudo o que precisam; e isso atrai aqueles que percebem a vida e o sucesso estritamente sob o aspecto material. Eles se agarram ao sistema de ganhos sem adotar a filosofia que está por trás dele, de modo que termos antes respeitáveis tornam-se de mau gosto. A "consciência da prosperidade" é um importante exemplo desse fato. Essa expressão tende a ser usada hoje em dia como sinônimo de materialismo. Aqueles que a empregam de um modo geral perderam totalmente o rumo. Será que algum dia eles perceberão que a riqueza não produz realização, alegria, felicidade ou qualquer outra coisa que faça a vida valer a pena?

A "Consciência da Prosperidade Hoje" (resumindo, CPH) afirma que podemos ter tudo o que *queremos* (em geral dinheiro, bens materiais e símbolos de *status* dos mais variados tipos). A Abundância, por outro lado, diz que nossas *necessidades* são sempre satisfeitas, e se precisamos ser pacientes e permitir que nosso Ego ceda o lugar para uma consciência superior, é essa a necessidade que será satisfeita... "Seja feita a Tua vontade e não a minha."

A "CPH" diz que tudo o que impede o nosso avanço em direção ao sucesso financeiro é a consciência da pobreza. Não obstante, o que bloqueia a experiência da abundância é na verdade resistir a ser nós mesmos, a crescermos e aprendermos, a nos alinharmos, a enfrentarmos as nossas sombras e a emergirmos na luz.

A "CPH" diz que podemos atrair as coisas como um fim em si mesmas. A abundância argumenta que, quando fazemos isso, criamos um novo padrão de vida com o qual podemos aprender. Se formos um pouquinho sensatos, poderemos reconhecer que esse padrão não serve para nós e abandoná-lo sem desperdiçar tempo nem energia no processo de atração.

Vamos conhecer a história de Thomas. Ele já passou por um desastre financeiro. Perdeu 130.000 libras num empreendimento bastante duvidoso. Agora desenvolveu um projeto industrial muito vantajoso: suportes de cama para pessoas com doenças crônicas, pela metade do preço de qualquer outro objeto parecido disponível no momento. Mas ele continua a ser influenciado pela sua antiga maneira de pensar. Não basta deixar o negócio crescer organicamente. Ele precisa vender milhares de suportes de cama todas as semanas, ganhar milhões, empregar muitas pessoas, ter muito sucesso. "Quero uma vida tranqüila, sem ter que pensar duas vezes antes de comprar qualquer coisa que desejo ou ir às Bahamas", diz ele. "Estou farto de ser pobre e de ter dívidas."

Minha tarefa é lembrar a ele que quando seu último empreendimento estava tendo sucesso, os membros da sua equipe o passaram para trás. Eles tinham inveja da sua riqueza e a usaram como desculpa para roubá-lo. Isso o aborreceu, de modo que seu negócio desmoronou. "Por que", pergunto a ele, "você está fazendo tudo para gerar de novo o mesmo padrão deplorável? Por que não tenta perceber o que existe dentro de você que lhe nega o direito de se sentir bem a respeito de si mesmo? O que você precisa para aprender com a última experiência a fim de ser bem-sucedido na atual?"

Ele tem uma oportunidade maravilhosa de aprender e aumentar a sua auto-estima. Não posso fazê-lo por ele, mas posso mostrar-lhe onde ele está provocando uma repetição da sua auto-sabotagem anterior, e ajudá-lo a abandonar o passado e a avançar rumo a um futuro mais auto-estimulante. Não precisamos ser ricos para sermos seres humanos maravilhosos. Precisamos apenas encontrar a coragem de sermos verdadeiros.

RESISTINDO AOS INSULTOS

O dinheiro é muito útil. Paga o aluguel. E a "CPH" se alimenta disso, bem como do medo freqüente de não podermos pagar o aluguel. O medo que está por trás disso é o da "perda do prestígio" o qual, como tantos outros acontecimentos temidos, seria, na verdade, um glorioso triunfo. A perda do prestígio significa, na verdade, a perda da fachada, o primeiro passo na direção de nos tornarmos autênticos e de nos valorizarmos. Mas a "CPH" se desloca na direção oposta. Ela diz: "O dinheiro é útil, de modo que quanto mais conseguirmos acumular, melhor." Este conceito atribui uma importância inadequada e exagerada ao dinheiro como o único objetivo da vida e a resposta a todos os nossos problemas. E como nossa sociedade está obcecada pelo dinheiro, este argumento é perfeitamente plausível.

Quem não quer mais alguns xelins? Quem não tem uma conta para pagar ou um presente para comprar que não seria enormemente facilitado por uma nota de 50 libras? Quem não fica ocasionalmente irritado tentando decidir se deve comprar um novo par de sapatos ou passar uma noite no Festival Hall? É claro que gostaríamos de ter mais dinheiro. Se alguém nos perguntasse: "Por que você não participa do meu plano de ganhar dinheiro rápido?", será que realmente estaríamos sendo hipócritas e críticos ao responder: "Porque seu plano vem de um lugar do qual eu não gostaria de vir. Porque se eu participar dele estarei me afastando do meu propósito de me valorizar pelo que eu sou. Porque se eu realmente preciso de sapatos e de uma entrada para o concerto, sei que eles estão a caminho. Porque seu plano exige um grau de transigência que não é bom para minha alma!"?

Mas uma resposta assim não representa nada para a crítica que provavelmente vamos receber dos seguidores da "CPH".

Deixar de adotar a doutrina deles e não tentar unir-se aos especialistas ricos e bem-sucedidos que seus planos atraem nos é reapresentado como uma "consciência da pobreza". "Você tem pouca auto-estima", dizem eles, como se conhecessem o significado dessa palavra. E isso é uma pena, porque o que eles vendem muitas vezes pode ser bastante valioso — um roteiro para a saúde, livros interessantes, produtos voltados para a defesa do meio ambiente ou para o aperfeiçoamento. Não obstante, tudo isso é secundário no registro de acumulação de riquezas visíveis da "CPH". O cheiro da ganância e da falsidade contamina o plano.

Você consegue se manter fiel ao seu eu enquanto à sua volta as pessoas disfarçam a verdade, forçando e exagerando a própria condição e menosprezando as objeções? Estamos diante de um rigoroso teste da nossa capacidade de atuar com ética e integridade... um importante desafio para o indivíduo que trabalha com o espírito. Devemos ser aplaudidos quando conseguimos manter uma postura ética em meio a essa ostentação superficial. É um árduo caminho.

Mas os adeptos da "CPH" deixam de reconhecer que o dinheiro só tem valor quando não valorizamos nenhuma outra coisa, e que a busca do dinheiro como o objetivo primordial diminui a auto-estima em vez de aumentá-la. Foi essa a tragédia da década de 80.

DIRETRIZES PARA UMA VIDA ÉTICA

Como evitar transigir com a sua ética e integridade ao tentar conseguir o dinheiro e os recursos necessários à sua sobrevivência? Eis algumas diretrizes básicas:

1. Não use uma técnica agressiva de venda. Não "force a barra" fazendo com que as pessoas fiquem na defensiva, ou se sintam mal por dizerem "não".

2. Escute quando as pessoas disserem "não" e respeite a decisão delas.

3. Se tivesse todo o dinheiro que quisesse, continuaria vendendo o produto ou serviço que vende atualmente? Caso sua resposta seja negativa, pare de vendê-lo.

4. Não seja econômico com relação à verdade.

5. Não se associe a pessoas cujo único objetivo seja acumular dinheiro. Evite as apresentações de vendas voltadas essencialmente para a ganância das pessoas. Ela poderá "passar para você".

6. Se o preço do fabricante estiver inflacionado, venda o produto por menos, ou simplesmente pare de vendê-lo.

7. Siga a sua intuição, e distinga-a do seu Ego.

8. Ligue-se ao seu ser essencial, à essência do amor que existe em você e siga suas sugestões. Pergunte sempre a si mesmo: o que eu gostaria de fazer?

9. Verifique se está se sentindo bem com relação a si mesmo enquanto trabalha, mas não apenas *por causa* do trabalho.

10. Deixe que seu trabalho seja uma maneira básica de amar e tomar conta de si mesmo. Ponha seu trabalho onde está seu amor.

O caminho do desapego

O equilíbrio vital a ser alcançado neste caso é o da convergência e do desapego — primeiro entregando-se totalmente a um curso de ação e depois libertando-se de qualquer apego com relação ao resultado. Ter apego significa que você depende dos *resultados* do seu trabalho para recuperar ou manter sua auto-estima. O apego é contaminação do Ego. Sentir apego significa que as antigas regras estão atuando e você só obterá seu resultado, se é que o alcançará, lutando e forçando a situação. Tire o Ego do caminho, e poderá ter tudo que necessitar... se ainda realmente precisar!

As diferenças técnicas e sistemas que estimulam as pessoas a se concentrarem nos resultados que desejam alcançar têm um lugar na obtenção da abundância, do mesmo modo como Napoleon Hill também o tem. Eles representam o andaime na construção da abundância. Trata-se de um processo gradual. A idéia de se concentrar em resultados é excelente para uma pessoa que nunca conseguiu perceber com clareza qual a direção que quer dar à sua vida e como quer reagir diante das circunstâncias.

O próximo passo é investigar *por que* esses resultados são importantes. Isso pode ser feito antes ou depois de alcançar o resultado desejado. Pergunte a si mesmo o que o resultado vai conseguir para você. Riqueza? Segurança? Mais auto-estima? Relacionamentos? Um emprego melhor? Outra seqüência de perguntas deve vir a seguir. *Para que* ser rico? Para sentir-se melhor? Para comprar coisas como forma de exprimir seus sentimentos pelas outras pessoas? Para se sentir seguro? Para ajudar os outros? Neste caso, estes são os verdadeiros resultados que você procura, e a maioria deles não requer riqueza ou mesmo dinheiro.

Pergunte ainda: Por que me sinto inseguro? Por que minha auto-estima é baixa? Que diferença *realmente* fará um novo relacionamento ou emprego se eu não amo a mim mesmo sem eles? Você só conseguirá descobrir a verdadeira perspectiva, em vez de a ambição impulsionada pelo ego, quando as respostas à pergunta "Por quê?" forem claramente enfrentadas, quando houver um total comprometimento sem nenhum apego. Isso parece significar que, a não ser que o processo e o resultado que você busca sejam o crescimento pessoal, qualquer progresso aparente é uma miragem e só existe estagnação.

Lutar para ser livre ou para ficar livre de lutas?

Você vai lutar para ficar livre ou sua vida vai ficar livre de lutas? A nova maneira de lidar com o dinheiro e os recursos é extremamente diferente da experiência daqueles que trabalham com atitudes obsoletas com relação ao dinheiro. Estas últimas afirmam continuamente a falta e a separação. Nunca há dinheiro suficiente e é difícil obtê-lo, ao passo que *nós* sabemos agora que a dificuldade é causada pela resistência e pelos conceitos negativos. A antiga atitude diante do dinheiro afirma que as necessidades só podem ser satisfeitas através de muita luta e trabalho, e se as necessidades não estiverem sendo satisfeitas, a resposta necessariamente precisa ser mais trabalho e mais luta. O conceito de que a diversão pode ser um melhor caminho para satisfazer as necessidades é inconcebível para o antigo paradigma, mas é a verdade para o novo.

O medo, a ansiedade, a tensão, a preocupação vicejam na linguagem da indústria e do comércio. O dinheiro torna-se o receptáculo de todos os sentimentos negativos que temos a respeito de nós mesmos. É nele que em geral afloram todas as nossas atitudes negativas com relação ao eu, ao trabalho, ao sucesso, aos planos e à vida. Podemos continuar a alimentar esta negatividade reprimindo-a como propõem Napoleon Hill e seus seguidores, ou podemos ser verdadeiramente corajosos, enfrentá-la e começar a viver.

Energia em potencial

A tragédia é que os novos princípios relacionados com o dinheiro são tão mais simples e mais eficazes que os antigos e provavelmente funcionam tão bem porque o resultado já não é tão importante. Os novos princípios relacionados com o dinheiro começam a dar certo no momento em que você deixa de depender de coisas exteriores para se valorizar. O dinheiro, bem como as coisas que ele pode comprar e todos os outros recursos, não é mais visto como algo exterior, algo pelo qual você deve ser atraído, algo com relação ao qual você precisa estar aberto para poder receber. Com os novos princípios da abundância trabalhamos num contexto muito mais amplo, criando uma consciência totalmente nova, onde não existe separação entre eu e o outro, eu e a coisa, eu e o dinheiro. Este último, bem como os outros recursos de que precisamos para nos sustentar, se assemelha mais à energia potencial que está armazenada dentro de nós; tudo o que temos a fazer é descobrir maneiras de liberá-lo permitindo que aflore à superfície.

Isso requer uma mudança total na atitude diante da vida, na qual a vida acontece *a meu favor*, e não *para mim*. Não existe nada "lá fora" pelo qual, ou contra o qual, eu tenha que lutar. Não há ninguém que eu precise bajular. Não estou competindo para conseguir um pedaço maior da torta; aliás, não existe diferença entre eu e a torta. Tudo já está presente — tudo o que tenho a fazer é reconhecer esse fato e manifestar o que já existe, como o calor, que existe como potencial dentro do carvão, esperando para ser descoberto.

Exatamente da mesma maneira que todos temos o potencial para o amor incondicional, se cavarmos fundo sob todas as camadas da superficialidade e autodifamação, encontraremos o dinheiro e tudo o mais que também aguarda como energia potencial, escondido debaixo dos sentimentos de carência e de separação. Se eu procurar amor *ou* dinheiro fora de mim mesmo, e mesmo se eu pensar tê-lo encontrado, ainda terei todas as camadas de baixa auto-estima e sentimentos de inadequação para examinar, resolver e libertar. É por esse motivo que os relacionamentos não dão certo quando procuramos atrair o amor de outra pessoa como uma maneira de evitar trabalhar no nosso crescimento pessoal, e é exatamente dessa mesma maneira que acumular pilhas de dinheiro sem jamais lidar com os sentimentos de baixa auto-estima é terrivelmente insatisfatório, um violento anticlímax.

Corrija o interior

Enquanto continuarmos a procurar nas fontes externas de dinheiro a solução para todos os nossos problemas, ele — o dinheiro — continuará a se manifestar como uma infindável e hilariante série de lições, embora *nós* possamos não ver seu lado engraçado. E quase todos nós precisamos passar pelo penoso processo de tentar acumular dinheiro e amor “lá de fora” antes que possamos compreender que estávamos procurando no lugar errado. Quando temos uma boa ligação com nós mesmos, quando estamos no lugar adequado, fazendo a coisa certa, sendo o que devemos ser, tudo dá certo no nível financeiro, no nível físico. Entretanto, acertar as coisas no nível puramente físico e financeiro não contribui em nada para o nosso nível espiritual. Quase todos nós precisamos passar por isso para descobrir a verdade que esta afirmação encerra. Lamentavelmente, muitas pessoas nem mesmo chegam ao ponto de acumular o suficiente para saber que nunca há o bastante para resolver as coisas dessa maneira. Quando as coisas não estão dando certo no nível físico e financeiro, nos encontramos diante de uma indicação de que existe um trabalho a ser feito em algum outro nível, e este trabalho, sem exceção, começará examinando como estão as coisas no nível espiritual.

As pessoas muitas vezes procuram o The Breakthrough Centre com preocupações financeiras. Dorothy, por exemplo, faz belos acolchoados. Ela estava com problemas financeiros e não conseguia ver nenhuma saída à medida que o débito se acumulava. Conversamos a respeito, e aos poucos, no decorrer de dois ou três meses, ela redescobriu o entusiasmo pelo que fazia. Ela também considerou a hipótese de abandonar tudo, e depois de analisar essa perspectiva descobriu que poderia valorizar muito a si mesma e ao seu trabalho a ponto de ser claramente um crime desistir dele. Assim sendo, pôs-se a trabalhar com toda a sua energia e manteve-se aberta ao que precisasse acontecer. Os pedidos começaram de novo a “chover”. As lojas passaram a procurá-la e até a fazer adiantamentos. À medida que as coisas progrediam, sua autoimagem também melhorava e sua nova atitude interior afetava a realidade exterior.

Donald estava com sérios problemas em seu negócio, e no final a única saída foi chegar a um acordo com os credores. Ele se sentiu muito aliviado. Esperara sentir-se arrasado por ter de admitir o fracasso. Em vez disso, encontrou um novo senso do eu dentro de si e foi capaz de se aproximar da pessoa que de fato era e de como iria refletir, de uma forma mais satisfatória para o mundo exterior, seu verdadeiro eu. As pessoas que ele conhecia começaram a ajudá-lo e ele formou uma nova rede de negócios que permitiu que outros investissem nele. Mesmo agora existem problemas, sempre criados por ele permitir que as realidades exteriores sufoquem as verdades interiores. Quando ele se lembra deste fato, a solução interior penetra o exterior.

Patrick perdeu o emprego e ficou muito confuso e magoado durante algum tempo. Mas ele sempre colocara seu Eu Interior em primeiro plano, e com o passar dos anos essa confiança em algo além do entendimento comum o inspirou nos momentos fáceis e difíceis, ajudando-o a criar um centro que atrai anualmente um grande número de pessoas. Tudo aquilo que é preciso é sintonizado e liberado para se manifestar na forma necessária e no momento adequado.

O verdadeiro teste para todas as pessoas é o modo como reagem quando as coisas *não* dão certo. Elas ficam desesperadas com o que está acontecendo no exterior ou se apegam à força que provém da confiança interior? Existem muito mais lições quando as coisas não funcionam. Prestar atenção ao resultado é uma lição fundamental.

Ouvindo o feedback

Talvez a sua visão esteja fora de sintonia. Talvez você precise envolver outras pessoas, sem as quais sua visão não pode se concretizar. Talvez você esteja trabalhando de uma forma inadequada. E talvez já tenha concluído este estágio e esteja na hora de prosseguir. Ou talvez sua dedicação esteja sendo testada, ou seja uma maneira de o Universo lhe fornecer um retorno com relação ao seu nível de comprometimento (ou à falta dele).

Vejamos mais algumas histórias. Neville vinha tendo problemas em seu relacionamento em casa. Era impossível agradar à mulher Shona, pois ela era desagradável e rejeitava todas as sugestões de Neville. Ele tentava resolver a situação com presentes, jantares e respostas lógicas às explosões dela. Mas ele não estava realmente ouvindo o que vinha sendo dito, e recusava-se obstinadamente a permitir que suas emoções e seus sentimentos por si mesmo fossem envolvidos. Ficou chocado quando compreendeu que o que precisava fazer era examinar o que havia *nele* que estava relacionado com a infelicidade de Shona. Começou lentamente a admitir que se sentia triste, desprezado e com poucos desafios. "Quem está na melhor posição para reconhecê-lo, cuidar de você e infundir-lhe confiança?", perguntamos a ele. Foram necessárias várias sessões e grupos, mas no final obtivemos a resposta certa: "Eu... suponho." Ainda precisamos ver como as coisas irão acontecer com Shona, mas Neville está deixando que uma maior parte da sua criança brincalhona, carinhosa e divertida venha à tona, e não tenho nenhuma dúvida de que este é o único caminho que compensa. Quer eles fiquem juntos ou não, Neville surgirá como Neville.

Há meses, Loren vem tentando criar entusiasmo pelo seu trabalho e, para dizer a verdade, pela vida. Há pouco tempo, ele anunciou "não vou mais lutar e me debater". Aprendeu a lição a partir do seu esforço no sentido de organizar sua vida — lutar não dá certo. Agora o caminho está aberto para novas tentativas. Existem muitas possibilidades e muitas coisas a serem abandonadas. Ele poderá precisar dedicar mais tempo e atenção à vida interior. E poderá até precisar investir bastante esforço numa atividade. Mas não estou falando de luta. Em vez disso, a vida dele será invadida por beleza e alegria.

Estas são histórias muito pessoais. Sua história certamente será diferente. Você conhece bem a história da sua vida?

Consegue vê-la? Está reagindo a ela e dando o próximo passo à frente? Ou está resistindo e, portanto, criando uma reação maior ainda e mais clamorosa, que logo irá se manifestar? Fique em silêncio e ouça. Sua voz interior o ajudará a chegar aonde você precisa estar.

Um indicador, e não um medidor

Como tudo o mais na vida, o dinheiro e a maneira como ele trabalha para você e como você trabalha com ele encerram uma lição. Este é o objetivo dele. Ele não prova nada, não confirma nada, não contém intrinsecamente nenhum significado ou valor. É apenas um indicador, e você não dá atenção a isso por sua conta e risco. Quando o dinheiro flui livremente na sua vida, ou nos seus negócios, trata-se de um claro indício de que você estava disposto a liberar e a perceber o seu potencial para entrar numa parceria de criação conjunta com a Essência Divina. Este não é o único indício; com efeito, ele é provavelmente o sinal menos importante, mas se não estiver ativamente presente na sua vida, é oportuno verificar com muito cuidado antes de supor que você pode agir com superioridade e arrogância em relação a ele.

Se o dinheiro realmente não é importante para você, ótimo. Se é esse o caso, todas as suas necessidades são satisfeitas a cada dia e você contemplará com amor, carinho e solidariedade aqueles que ainda trabalham com ele. Mas se você alega que o dinheiro não é importante para você e depois fica zangado com os que sugerem que isso é apenas uma fuga porque você não consegue ter sucesso financeiro, ou o indício exterior e visível da sua consciência de pobreza e baixa auto-estima, é porque você não resolveu o seu problema com o dinheiro. Aqueles que resolveram reconhecem e dão valor àqueles que ainda têm problemas e percebem que eles também estão no caminho da iluminação. Além disso, se você não tem problemas com o dinheiro e já aprendeu esta lição particular, se sentirá feliz por poder dar algumas "dicas" a respeito dos princípios mais simples que descobriu àqueles que ainda lutam com as antigas leis. Você pode estar certo de que eles só estão trabalhando com elas porque não lhes ocorreu que pode haver uma outra maneira.

Como trabalhar com confiança e auto-estima

Usar o dinheiro como um meio de apenas medir a riqueza, sem levar em conta a abundância, é como usar um computador caro para segurar uma porta. Ele desempenhará a tarefa com eficácia e estilo, mas estará numa função muito aquém das suas possibilidades. O mesmo acontece com o dinheiro. Ele é muito mais útil e muito mais valioso do que seu mero valor nominal. O dinheiro é um instrumento extremamente sofisticado para trabalharmos com confiança e auto-estima.

Quando você o tem:

- É capaz de continuar a ter certeza de que não ficará sem ele?
- Consegue continuar disposto a voltar a viver sem ele?
- Consegue se acomodar com o que tem sem ficar procurando mais ainda?
- Consegue dividi-lo incondicionalmente com os outros? Quanto? Dez, vinte, cinqüenta, noventa por cento?
- Ainda consegue valorizar-se pelo que você é e não pelo que tem?
- Consegue valorizar os *outros* por eles mesmos e não pelo que eles têm ou não têm?
- Consegue evitar comparações invejosas?

- Ainda é capaz de correr riscos?
- Consegue administrar bem o que tem?
- Consegue se sentir abundante?

Quando você não o tem:

- Consegue ter confiança de que todas as suas necessidades serão satisfeitas?
- É capaz de amar e valorizar incondicionalmente a si mesmo?
- Consegue ser feliz e contente, viver como um lorde com muito pouco?
- Ainda consegue estar sempre desejoso de dar?
- É capaz de se manter fiel aos seus princípios?
- Consegue investir em você mesmo e no seu crescimento?
- Consegue se sentir bem na companhia de pessoas ricas?
- É capaz de receber presentes e caridade sem sentir humilhação, orgulho ou ressentimento?
- Consegue conceder irrestritamente seu tempo, dinheiro e energia às outras pessoas?
- Consegue deixar o dinheiro fluir através de você?
- Sabe administrar bem o pouco que tem?
- Ainda assim consegue reconhecer a ilimitada abundância que existe ao seu redor e dentro de você?

O acesso à abundância

Há lições que devem ser aprendidas, quer você tenha dinheiro quer não. Isso na prática não tem importância. As lições simplesmente são diferentes. Se você não as aprender de uma determinada maneira, com toda probabilidade irá aprendê-las de outra. Quais são essas lições, como você poderá reagir a elas, que mudanças pode fazer e que atitude pode tomar para ingressar na abundância é o tema central do resto deste livro.

Podemos não ter dinheiro e nos sentirmos abundantes. Podemos ter rios de dinheiro e não nos sentirmos abundantes. E, é claro, *podemos* ser ricos e nos sentirmos satisfeitos ao mesmo tempo. Ou também podemos nos sentir pobres e insatisfeitos: neste caso, é assim que tendemos a permanecer. O dinheiro e a abundância estão em duas escalas totalmente diferentes.

No gráfico da página 90, o Ponto A representa alguém que tem pilhas de dinheiro e ainda não aprendeu a confiar na abundância do universo. Essa pessoa continuará a tentar acumular cada vez mais, num esforço desesperado de sentir-se seguro. Esta é a tragédia de muitos eleitores C2,* por exemplo, que usam o dinheiro como a única forma de medir o valor pessoal, adotando uma rotina que nunca lhes confere seu próprio poder. A maior "história de sucesso" do Ponto A dos últimos tempos foi a de Robert Maxwell. Se ele tivesse vivido mais, teria chegado a experimentar o Ponto B.

O Ponto B representa as pessoas que não têm recursos e acreditam que o Universo está contra elas. Seu sistema de crença as mantém pobres, e não há nada que possamos fazer por elas, enquanto não começarem a reconhecer, e depois a valorizar e a amar a si mesmas pelo que são. As pessoas do Ponto A fazem duras críticas às pessoas do Ponto B, mas este último é apenas um lugar para aprendermos a respeito da abundância, exatamente como qualquer outro ponto do gráfico. De certa maneira, é mais fácil descobrir a abundância no Ponto B do que em qualquer outro lugar porque não podemos usar o dinheiro para confundir a questão. Não há dinheiro. Desse modo, o caminho está livre para nos avaliarmos, sem sermos tolhidos pelas distrações do dinheiro, e avançarmos para o Ponto C.

No Ponto C, ainda não temos dinheiro, mas nos sentimos ricos porque nos amamos incondicionalmente e apreciamos o pouco que temos mais do que a pessoa do Ponto A aprecia a pilha que ela tem. Nossas necessidades são poucas e tendem a ser satisfeitas, porque nos sentimos confiantes. E existe a probabilidade de que, se precisarmos de mais recursos para apoiar nosso objetivo, avançaremos em direção ao Ponto D e descobriremos que estamos rodeados pela abundância.

O Ponto D não é o lugar perfeito. Não é preciso uma grande riqueza para experimentarmos o grau máximo de abundância. Qualquer ponto entre C e D é adequado, e onde quer que você esteja entre esses dois pontos, estará crescendo e aprendendo a respeito da abundância. A consciência da prosperidade preocupa-se exclusivamente em chegar a algum ponto ente A e D. A abundância sente-se feliz e realizada em qualquer lugar entre C e D.

---

* C2: pessoa da classe trabalhadora. (N. da T.)

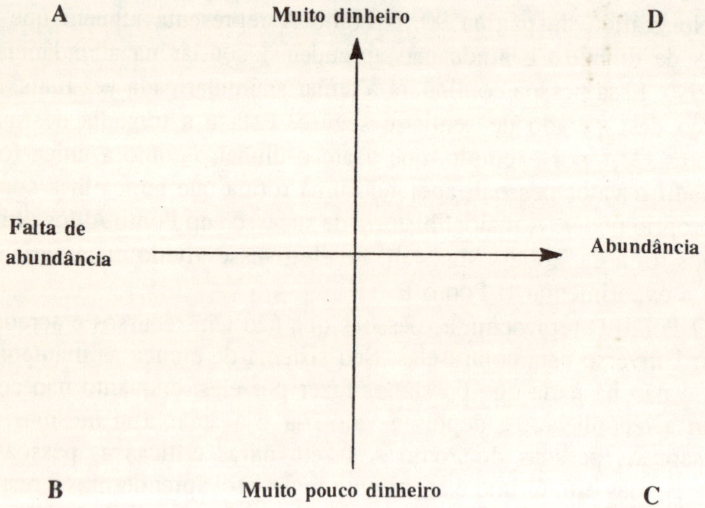

Se você não confia e não acredita no seu valor inato, por mais alto que consiga subir no eixo do dinheiro, ainda assim você não reconhecerá a sua abundância. Mas quando segue o caminho da autoconsciência e da descoberta, começa a se deslocar para a abundância. Isso inevitavelmente o torna merecedor de receber uma chuva de dinheiro do céu, além de amor, apreço e presentes.

As antigas leis afirmam a falta e a separação: elas fazem com que sempre tenhamos que buscar no exterior o que queremos para alimentar o nosso necessitado Ego. As novas leis afirmam a ligação com a abundância: elas fazem com que procuremos *dentro de nós* para reconhecer que tudo que precisamos está lá esperando por nós. A porta está aberta. Entre.

O dinheiro só tem valor quando não valorizamos nada além dele.

5

O Único Problema é a Interferência

A abundância envolve sua reação diante do que a vida lhe oferece, se você acha que ela está tentando "pegá-lo" ou se está do seu lado. Qual a origem dessas diferentes atitudes?

O que interfere com a criação da abundância? O que o faz interromper seu percurso no caminho da visão para a ação? Quais os bloqueios que se interpõem no seu caminho? O que precisamos mudar e atravessar para ingressar na abundância?

Os principais obstáculos no trabalho, nos negócios ou em qualquer aspecto da vida são essencialmente pessoais, individuais e psicológicos. Não existem obstáculos "fora", apenas resistências em cada um de nós a superá-los ou a enfrentá-los. Em vez de lamentar a falta de imaginação ou a capacidade empresarial dos bancos e da burocracia, é mais produtivo assumir a responsabilidade pela situação. É fácil criar um problema com o banco ou com o fisco, ou ainda com um empregador, mas por que fazer isso? Por que não adotar uma postura que seja ao mesmo tempo positiva e realista, e reconhecer que a resistência em qualquer setor é um indício de que você ainda não tem tudo sob controle? Tudo acontece por algum motivo; existem lições a serem aprendidas. A resistência, não importa de onde ela venha, pode apenas indicar que existe alguma coisa que precisa ser examinada. Pode ser uma espécie de teste que você criou porque está ansioso para avançar. Pode ser uma verificação temporária para constatar se está sendo realmente sincero, e uma avaliação da sua determinação e intenção.

Vale a pena reconhecer o fato de você estar resistindo e analisar os motivos que o levam a ter essa atitude. Cada um de nós tem suas próprias maneiras e razões para falhar ou bloquear o sucesso. Isso acontece tanto no nível empresarial quanto no individual. As companhias e os grupos são formados por indivíduos. Se estes resistem ao progresso e à mudança, isto se reflete na maneira como o grupo trabalha. Sua responsabilidade é não fazer parte desse processo de bloqueio, é estar do lado dos anjos. A única coisa que se coloca entre você e a abundância é *você*. E a melhor maneira de entrar em contato com você é ficar em silêncio e escutar.

ENTENDENDO A COISA DA MANEIRA ERRADA

Ir do conhecido para o desconhecido, do testado e comprovado para o novo e estranho é algo que naturalmente relutamos em fazer; contudo, a não ser que o façamos, esta relutância se torna um importante obstáculo para o crescimento e talvez até para a sobrevivência. Nunca foi tão importante para nós compreender por que podemos resistir à mudança e como podemos aprender a conviver com ela. Esta atitude requer que abandonemos o mundo confortável do "Sempre agimos assim" e ingressemos no mundo bem menos satisfatório no qual "as coisas podem dar errado".

Na raiz de quase toda resistência à mudança está a relutância em cometer erros; contudo, é preciso reconhecer que a pessoa que jamais cometeu um erro provavelmente nunca fez nada.

Com certeza você já experimentou sua resistência pessoal ao ler este livro e outras obras semelhantes. Posso quase garantir que num determinado ponto você ouve uma voz que diz: "Quem você pensa que é?" E em outras ocasiões tenho quase certeza de que há uma voz perguntando: "E quem ele pensa que é?" Outras vozes terão dito: "Nada posso fazer a respeito. Não posso exercer nenhum influência. Eu não importo. É problema de outra pessoa." Foi esse tipo de pensamento que nos colocou na enrascada em que estamos e cada um de nós terá de agir para sair dela. Se não estiver oferecendo sua contribuição, certamente você faz parte do problema.

UMA LONGA HISTÓRIA DE RESISTÊNCIA

Examinemos, então, o que é preciso para superar a resistência e controlar a mudança para podermos ingressar na abundância. Vamos rever a nossa maneira de encarar a mudança e reconhecer como lidamos com ela com êxito no passado, usando este conhecimento para compreender tanto o que impede o nosso progresso quanto a maneira como podemos acelerá-lo. Seus piores receios a respeito do assunto provavelmente são infundados. Em poucos minutos você terá a certeza de que é seguro ser você mesmo, assumir uma posição e ingressar na abundância.

É preciso que ocorra uma alteração nos níveis de energia. Temos a possibilidade e a responsabilidade de parar de nos debilitar e aceitar a abundância. É chegada a hora de nos libertarmos da energia bloqueada e nos envolvermos com nós mesmos, transportando esse relacionamento para o trabalho que executamos e para as organizações a que pertencemos.

Laura, por exemplo, estava completamente exaurida pela situação no seu emprego quando a conheci. Ela tentara ser agradável e solícita para os clientes que se recusavam a pagar pelos serviços recebidos. Reprimiu suas necessidades e carências pessoais e se permitiu ser desviada do objetivo principal da operação. Dedicava a maior parte do seu tempo a atender às exigências dos seus devedores. Eles se recusavam a dar valor ao serviço dela, e ela reagia confirmando a avaliação deles e tentando fazer as coisas do modo como eles queriam. Esta situação continuou durante dois anos. Cada vez que ela corrigia algo, os clientes concebiam novas reclamações. Era óbvio que o jogo deles não era conseguir que as coisas ficassem certas e sim evitar o pagamento. Era igualmente óbvio que enquanto Laura não desse valor ao seu trabalho e a si mesma, eles também não o fariam.

Ela temia que se insistisse em satisfazer suas necessidades da maneira como os clientes insistiam em satisfazer as deles, estes se tornariam hostis e não mais a veriam como uma pessoa agradável e sensível. Sua tarefa era compreender que existe uma diferença entre ser sensível e ser um capacho. Toda a situação foi montada como um teste. Agiria ela com determinação arriscando-se a ser alvo da hostilidade dos seus clientes? Ou continuaria a acreditar que só seria amada e capaz de receber amor se fosse agradável e sensível? Teria ela coragem de expressar sua raiva e ressentimento, ou iria reprimi-los refugiando-se na desesperança?

Laura fez a mudança ao longo de um período de seis meses. Definiu, com o resto da sua equipe, o que era e o que não era razoável. Tornou claro o que iria fazer para manter o seu lado do negócio, e procurou aconselhamento profissional para saber como assegurar que as outras partes também cumprissem o lado delas do acordo. Depois de concluir o que todos consideraram suficiente, e constatar que os clientes ainda se recusavam a pagar, ela deu início às medidas legais, satisfeita por saber que se tudo o mais falhasse, os clientes, ainda assim, seriam espoliados.

Esta foi a ação exterior, e o resultado não era importante. O caso ainda está em andamento, de modo que precisamos esperar para ver seu desfecho. O que importa é a transformação interior. Embora a situação como um todo seja agora muito mais tensa e ameaçadora, Laura está relaxada, satisfeita e é ela mesma. Parou de se deixar tolher por pessoas que sentem que podem dominá-la. Em vez disso, agora sabe defender seus direitos, sendo tão agradável quanto antes, sem contudo permitir que abusem da sua boa vontade. A esperança substituiu o desânimo, e ela persegue ativamente a verdadeira perspectiva da sua operação. Lembrei-me, neste ponto da saga, que Laura está com 29 anos — a idade clássica em que rompemos com as filosofias que nos são transmitidas e nos tornamos nós mesmos. Seu desempenho vem sendo excelente!

O que, então, nos atrapalha? Por que agimos ou reagimos, às vezes, de uma forma improdutiva? Já examinamos alguns dos antigos padrões que temos representado e é aí que devemos procurar as respostas. Eles fazem com que nos sintamos desprezíveis ou indignos. Eles nos deixam com uma mentalidade de pobreza e com a convicção inabalável de que o dinheiro e os recursos são sempre escassos. Eles nos colocam na defensiva, sempre à espera de que as coisas dêem errado, de modo que é o que sempre acontece. É isso que orienta a nossa vida e define as regras que dirigem as organizações. É por esse motivo que é quase perigoso questionar os conceitos a respeito do crescimento e da acumulação de lucros. Essas dúvidas abalam os sistemas fundamentais de crenças que dirigem a vida das pessoas. Elas temem que sem eles a vida chegue ao fim, ao passo que a verdade é exatamente o oposto. A vida chegará ao fim *a não ser* que os abandonemos. O mundo do trabalho não é apenas um lugar de onde extraímos dinheiro para viver, mas também o lugar onde o futuro do planeta está sendo decidido. O trabalho que você faz e o modo como o faz contribuem para a destruição ou para a salvação. Não há realmente escolha, não é verdade? Mas mesmo assim ainda existe resistência e uma postura defensiva.

Confissões íntimas

Abandonar os nossos conceitos a respeito da abundância e da prosperidade parece envolver a autocondenação. Isso é estranho, quando tudo se restringe ao processo da educação, de aprender maneiras melhores de fazer as coisas. Não há nada a esconder, nada do que se envergonhar. Se todos confessássemos nossas falhas, crimes e defeitos, seríamos no máximo acusados de falta de originalidade. No fundo, somos todos iguais. Todos temos os mesmos conceitos negativos fundamentais.

A eliminação desses conceitos negativos requer um processo de cinco estágios. Suponhamos que seu problema básico seja o sentimento de que você não serve para nada. Se for este o caso, tenha certeza de que não está sozinho. No fundo, quase todo mundo também tem essa convicção. O efeito final é que é diferente e depende do que as pessoas fazem com essa idéia. Eis o que você precisa fazer para não se destruir:

1. Aceite o sentimento. Não lute contra ele nem ofereça resistência. Ele é você apenas em parte, não no todo, de modo que é seguro permitir a presença dele. Se você se recusar a aceitá-lo, ele descobrirá uma maneira de atingi-lo para provar que é verdadeiro. Ele continuará a criar situações em que você poderá meter os pés pelas mãos e será rejeitado, o que fará com que seja tomado pela autocomiseração.

2. Preste atenção no sentimento. Ouça-o dizer que você não vale nada. Estimule-o a se expandir nesta direção, peça que declare explicitamente os motivos que o levam a se sentir dessa maneira e de onde vêm esses sentimentos.

3. Reconheça o sentimento. Tranqüilize essa parte de si mesmo, fazendo-a saber que você a notou e que ela tem todo o direito de estar presente. A fórmula a ser usada é bastante simples. "Eu não sirvo para nada, e não há nenhum mal nisso." Desta forma, você estabelece uma ligação com esse sentimento e se torna menos doloroso expressá-lo. À semelhança do que ocorre com qualquer objeção, apenas dez por cento é real; os outros noventa por cento são decorrência de não ter havido uma consulta prévia.

4. Eleve o nível do sentimento. Depois de você reconhecer o sentimento, ele pode se tornar menos desmoralizado e desmoralizante. "Eu não sirvo para nada, e não há nenhum mal nisso" transforma-se em "eu poderia melhorar, o que é ótimo". Esta afirmação, por sua vez, transforma-se em "algumas vezes eu sou melhor, e isso é bom". Neste ponto, "eu sou uma pessoa de valor" passa a ser tão verdadeiro quanto "eu não sirvo para nada", e se isso é verdade, também é verdade que sou formidável, maravilhoso, uma fonte de inspiração e estou repleto de energia divina... o que é excelente!

5. À medida que você elevar o nível, a resistência pode mais uma vez se manifestar! "Maravilhoso? Eu?" Sim, esta também é sua verdade, e é importante aceitar, ouvir e reconhecer qualquer resistência a ela. A quinta etapa implica persistir através da resistência, sem reprimi-la.

Este processo de cinco etapas baseia-se nos *Harley Miller's Quality Cards*, que fornecem exemplos práticos de várias concepções negativas básicas cujo nível você pode elevar.

Os sentimentos mais íntimos e pessoais que você alimenta com relação a si mesmo, sentimentos esses que você mal ousa admitir até para si mesmo, são comuns a todos nós. Carl Rogers soube expressar esse fato com muita clareza quando afirmou: "Quanto mais íntimo ou pessoal é um sentimento que alimentamos com relação a nós mesmos, mais universal ele é." Todos os bloqueios que precisam mudar emanam dessas obrigações e imposições primordiais. A nossa própria linguagem está repleta de negativas sutis. As palavras estão muitas vezes disfarçadas e uma música diferente toca ao fundo. O que é, por exemplo, um "relacionamento sério"? Sério, pesado, difícil, sem graça? Desse modo, sempre que um relacionamento fica "sério" deixa de ser alegre e divertido. Muitas palavras e conceitos têm uma conotação de fracasso e bloqueiam o sucesso. Portanto, serão convertidos em expressões mais positivas. Certamente você está familiarizado com a maioria deles e talvez até com todos. Ao nos referirmos a algo como um problema, nós o transformamos num problema em vez de num desafio ou numa oportunidade repletos de conhecimento e sabedoria. Repare como relutamos em deixar de usar a palavra "mas" para substituí-la pelo vocábulo "e". Quando "esperançosamente tentamos" fazer alguma coisa estamos na verdade querendo dizer que tentaremos mas não conseguiremos, que esperamos que o nosso desejo se realize, mas que de fato não acreditamos que isso vá acontecer. E estamos, com efeito, preparando o terreno para que seja aceitável que a coisa não dê certo. Uma mudança radical ocorre quando passamos a dizer "pretendo" em vez de "vou tentar" ou "espero". Quando você diz "se ao menos" está reforçando o conceito de que a realidade é o oposto do que você deseja. Experimente dizer "façamos de conta" ou "imaginemos" — isso é um pouco melhor. Certifique-se, por fim, de que pretende fazer o que imagina.

Não diga que você está trabalhando "arduamente". Em vez disso, trabalhe "bem". Nada é difícil, o que não quer dizer que tudo seja fácil. Pode levar algum tempo, é só. Mesmo a palavra "não" precisa ser traduzida. No idioma indi não existe a palavra "não"; os que falam esse idioma dizem "ainda não", o que quer dizer, em outras palavras "sim, em breve".

"Não posso fazer isso" tem o mesmo significado de "não farei isso" — e ambas as expressões significam: "positivamente, decidi não fazer isso". A desculpa mais comum é com toda probabilidade "não tive tempo". Tolice! Você teve todo o tempo de que precisava; apenas resolveu não fazê-lo porque não era prioridade para você.

Vamos começar a ser sinceros com nós mesmos e também com os outros. Este não é o lugar para falsas delicadezas. As pessoas não têm "pouca sorte", elas escolhem não receber, e não têm desculpa para dizer que não sabem alguma coisa quando, na verdade, decidem não tomar conhecimento dela.

Muitas pessoas já estão familiarizadas com esses conceitos. Colocá-los em prática no ambiente de trabalho representa um desafio um pouco maior. Conhecer as regras não o torna imune a elas. Existe um ditado em Dublin do norte que diz que "a negação não é um rio no Egito!"

Você precisa usar conscientemente sua linguagem. Procure evitar expressões negativas que o enfraqueçam. Pare de ser um impedimento para si mesmo e elimine do seu vocabulário as palavras "mas", "vou tentar", "não posso", "é difícil", "espero que" e outras do mesmo teor.

AS AFIRMAÇÕES POSITIVAS

O que mais poderá ajudá-lo a desatravancar o seu caminho? Uma boa medida é reconhecer que a vida flui com bastante facilidade quando você deixa de ser um estorvo para si mesmo. Qualquer êxito que possa ter tido na vida e no seu trabalho se deve ao fato de o seu lado positivo não estar sendo debilitado por suas crenças fundamentais. Você deve, portanto, continuar a ter idéias positivas e a se sentir mais seguro. Lembre-se constantemente de que o Universo é um lugar seguro e acolhedor. Ele não está querendo "pegar" você. Esse processo positivo é realmente capaz de reprogramar seu subconsciente para você nunca mais sofrer de falta de auto-estima, o que o torna um perdedor. Deixe que a vida aconteça *para* você, e não *a* você.

Dizer "sim!" à vida, "sim, eu amo a mim mesmo" e, nas palavras de Trevelyan, "sou uma gota de Divindade", bem como "não, certamente não estou preparado para aceitar as pressões negativas que se abatem sobre mim", ajuda a fortalecer seu lado positivo em vez de reforçar e alimentar a negatividade.

É importante tomar providências a respeito de fazer alguma coisa. A única decisão errada é a indecisão. Talvez você perca algum tempo, mas provavelmente aprenderá algo, desde que não tenha feito alguma coisa decorrente de uma decisão errada. Acreditar que algo vai acontecer não é o mesmo que relaxar preguiçosamente num banho morno de complacência, supondo que tudo sairá como você quer. Além disso, paciência não é sinônimo de passividade.

Mais adiante, no Capítulo 9, examinaremos o tipo de ação necessária para você mudar o seu sistema de crenças. Nesse meio tempo, vamos nos concentrar no que poderá estar acontecendo e de que modo isso poderia ser diferente. Se estiver ansioso para entrar em ação, dê uma espiada agora no Capítulo 9 e comece a executar suas primeiras diretrizes.

Medo e arrebatamento são praticamente sinônimos. O medo nos afasta da vida e da opção. O arrebatamento tem o efeito oposto. O medo é o arrebatamento congelado. Quando você deixa de ficar alvoroçado por causa de alguma coisa, isso não quer dizer que deva ter medo; significa apenas que é chegado o momento de avançar. Reserve então algum tempo e abra espaço em sua vida para o novo. Não se mantenha tão ocupado a ponto de não permitir a entrada de coisas boas e positivas. Se estiver sempre com medo, não deixará espaço para novas energias. Se estiver repleto de amor e sempre disposto a compartilhá-lo, constatará que seu reservatório está sempre cheio, mas se o preencher com medo, desconfiança e espírito competitivo, estará bloqueando a entrada, o que provocará a estagnação. Até mesmo o simples ato de fazer uma "faxina geral" — desfazer-se de coisas velhas como roupas, fitas cassete e de vídeo, quinquilharias, bem como de antigos ressentimentos — abre espaço para a entrada de novos bens e energias. "Àquele que tem [amor, energia que entra em abundância] mais será dado [amor, energia] e daquele que não tem [amor] até mesmo o que não tem lhe será tirado. [A energia armazenada nos bens.]"

A disposição de receber

Se prestarmos atenção, perceberemos que estamos permanentemente recebendo uma resposta relacionada com as nossas ações. É como dirigir um carro. Noventa por cento do tempo estamos fora de rumo, de modo que constantemente ajustamos o volante. Se não prestarmos atenção à nossa história, iremos de encontro a uma árvore — e isso é um resultado e tanto! Nossa habilidade deixa muito a desejar. Pense no motor e no sistema de um avião quando o piloto automático está ligado. Essa última informação comunica constantemente que o avião está fora de curso e os sistemas da aeronave respondem sem contestar, mas os seres humanos começam a ficar mal-humorados logo de início. Cada vez que deixamos de dar atenção ao *feedback*, ele se torna mais insistente. A terminologia técnica para isso é "orientação tipo marreta, ou seja, autoritária".

Vamos conhecer Ian, que se orgulhava de trabalhar 75 horas por semana para poder oferecer um padrão de vida confortável à sua família. Ele estava ficando cada vez mais dependente do álcool para conseguir suportar o trajeto do trabalho para casa, e nunca se deu conta de que essa dependência indicava que havia algo errado. O que ele realmente queria era voltar a estudar num período de tempo integral, mas nunca discutiu essa idéia com a família por supor que eles desejassem a vida confortável que ele lhes proporcionava. Um curto caso amoroso não conseguiu convencê-lo de que seu estilo de vida era falso e superficial. Mesmo assim, não falou com ninguém dos seus anseios. Sua filha então contraiu meningite, e por fim ocorreu uma mudança nas suas prioridades. Ian e sua mulher começaram a se comunicar, e ele ficou atônito ao descobrir que ela apoiava seu desejo há muito reprimido.

Examinemos agora Zoe, uma verdadeira pilha de nervos, obcecada por expandir os negócios e faturar um milhão. Seus funcionários tinham pavor dela, e não havia ninguém em sua vida. Ela tinha, portanto, que tomar todas as decisões e não podia confiar em ninguém. Vivia com os nervos à flor da pele, mas estava por demais obcecada com a idéia do crescimento para conseguir ouvir o resultado e ler os sintomas. Em certo momento, ficou doente, com M.E* e, não havendo ninguém que pudesse conduzir seus negócios, finalmente ela teve de diminuir o ritmo.

Os dois casos são exemplos da orientação do tipo marreta que por fim prevaleceu depois que sintomas mais sutis foram menosprezados. Nenhum dos dois teria sonhado em pedir conselho.

Grande parte do que está envolvido no processo de desimpedir o seu próprio caminho não diz respeito apenas a dar e fazer, mas também à disposição de receber — não apenas aquilo que você pede porque sempre recebe o que precisa, e sempre existe uma lição envolvida no que você pediu. O que você recebe pode muito bem não ser o que pediu, porque na realidade você não precisava do que pediu — dinheiro, um casaco novo, sucesso fácil — ou talvez porque ainda não tenha chegado o momento de recebê-lo. Tenha uma esperança sadia, mas não

---

* ME: *Post viral fatigue syndrome* (Síndrome de fadiga pós-virótica) (N. da T.)

nutra expectativas. Estas últimas funcionam como antolhos que impedem a você enxergar as possibilidades que estavam além da sua compreensão.

O grau do seu interesse pelas outras pessoas é um bom indicador da sua opinião a respeito de si mesmo e de como isso pode atrapalhar você.

Questionário

Atribua uma nota a si mesmo em cada uma das seguintes perguntas. 0 significa uma forte negativa e 10 uma afirmação categórica.

	0	1	2	3	4	5	6	7	8	9	10
Você enxerga o que há de melhor nos outros?											
Você os ama e se importa com eles?											
Você se dá a eles com prazer?											
Você compartilha com eles suas opiniões a respeito de terceiros?											
Você considera os outros inspiradores, divertidos e estimulantes?											
Você gosta da companhia de outras pessoas?											

Uma contagem baixa indica obviamente uma atitude tímida, defensiva, por demais consciente de si mesmo que é a essência da baixa auto-estima. A incapacidade de amar, de dar ou de ficar estimulado com as outras pessoas caminha de mãos dadas com a relutância em amar a si mesmo.

Uma contagem elevada pode indicar que você usa as outras pessoas para evitar ser autoconfiante, além de sugerir que você pode ter dificuldade para se valorizar. Ver nos outros o que há de melhor é algo muito bom, desde que também veja o que há de melhor em si mesmo. Amar, dar e sentir-se excessivamente estimulado pelas outras pessoas pode ser um modo de se apoiar nos outros e não de dar valor a si mesmo. E, no que diz respeito ao julgamento, a única pessoa que deve julgar é você mesmo! Uma contagem aceitável situa-se entre 4 e 6.

EFETUANDO MUDANÇAS

Façamos agora uma pausa para examinar quais as mudanças que você quer fazer na sua vida. A pedra no seu sapato, uma mudança radical nas suas prioridades, qualquer coisa que permita o fluxo da abundância. Se puder compartilhar essa idéia com alguém em quem confia, tanto melhor. Faça com que essa pessoa lhe pergunte constantemente: "O que você *realmente* quer mudar, e por quê?", e peça a ela que escreva o que está acontecendo. Muitas vezes nos envolvemos com os aspectos superficiais do problema que se apresenta, em vez de tratarmos da causa, o verdadeiro tema que precisa ser abordado.

Seguem-se outras perguntas que podem ser feitas:

- Qual parece ser o problema? Qual é o obstáculo?
- O que o está impedindo?
- De que modo você resiste à mudança?
- O que precisa fazer para conseguir uma mudança?
- De que modo essa mudança aumentará sua abundância?
- Esta é de fato a principal mudança?

Um passo fundamental no processo da abundância é perceber o que é de fato importante, qual a forma que a interferência assume. Ao começar a examinar este aspecto, é comum surgir um caminho crítico para a mudança, trazendo uma série de assuntos interligados.

Lutar simplesmente contra o problema que se apresenta não o levará a lugar algum, porque a dificuldade tem suas raízes num outro lugar. Algumas das pessoas mais chegadas a você talvez não o estejam ajudando e, no fim, tudo se resume num bloqueio em você mesmo. É fundamental que examine a *si mesmo* e não às circunstâncias superficiais.

Quando você aceita este fato e começa a trabalhar com ele, a resistência das outras pessoas deixa de se entrelaçar com a sua. O processo é desconfortável — ele envolve afastar-se do que é confortável para você, do que lhe é familiar, da sua zona de conforto — de modo a certamente haver resistência. Mudança significa crescimento. É assim que enfrentamos os nossos problemas e progredimos. É assim que deixamos o conhecido e avançamos rumo ao desconhecido. Ter metas claras e distintas é fundamental, pois o crescimento sem metas provavelmente causará uma confusão ainda maior; o crescimento que não provoca uma profunda integração enfraquece a pessoa, e o local de trabalho deve ser um lugar de expansão e não de involução.

É preciso tomar a decisão de enfrentar os desafios e influir nos bloqueios; caso contrário, você se verá diante da frustração e do sofrimento. Os bloqueios à mudança estão sempre dentro de nós. Uma vez que sabemos e compreendemos por que resistimos à mudança, podemos fazer alguma coisa para modificar esse sentimento. Em qualquer situação haverá uma parte de nós mesmos que quer — por exemplo, seguir em frente, renunciar a antigos padrões — e uma parte que resiste. Há, portanto, um conflito, e ele pode estar acontecendo nas profundezas do subconsciente. Já examinamos alguns dos roteiros de fracasso que impedem que as pessoas alcancem o seu potencial: por exemplo, o conceito de que as pessoas bem-sucedidas não são escrupulosas; de que, se eu tiver sucesso, outras pessoas ficarão ressentidas; de que aceitar elogios ou tentar ter sucesso (sem humilhar ninguém, é claro) é arrogância disfarçada. As pessoas acreditam simplesmente que não são capazes de ter sucesso, que sempre estarão em segundo lugar. Elas se deixam influenciar pela idéia de que quanto maior o vôo, maior a queda; por isso, é melhor não voar muito alto. Aceitam prontamente a influência paulatina das sugestões negativas e dos boletins escolares e acabam por acreditar que como todo mundo sempre disse que elas não teriam sucesso, é o que provavelmente vai acontecer. Ou então lutam contra esse sentimento da maneira errada — "Vou mostrar a eles se sou ou não capaz!" — e, é claro, tudo o que conseguem é demonstrar que as pessoas estavam certas.

Como enfrentar um sistema de crenças tão inibidor e conseguir abandoná-lo? Eis o que você pode fazer. Pegue papel e lápis e procure um lugar calmo e tranqüilo. Entre em contato com a voz em seu interior que diz “não consigo...”. Ouça como ela o sabota e escreva as mensagens de autoderrota que recebe dessa parte do seu ser.

Retorne ao silêncio e entre desta vez em contato com sua voz interior que o apóia e que diz “eu consigo...”. Ouça o que essa parte do seu ser tem a dizer e escreva no papel.

Fique tranqüilo ainda por alguns momentos para permitir que a voz que o apóia e diz “eu consigo...” fale com a voz sabotadora que diz “não consigo...”. Tome então cada uma das declarações do tipo “não consigo...” e escreva as respostas do tipo “eu consigo...” mais positivas.

Dentre todas essas afirmações, escolha a “maior mentira”, a declaração positiva que você tem mais dificuldade em aceitar, e decida que vai trabalhar com ela. Provavelmente já se sentirá mais forte e terá avançado, pelo menos um pouco, na direção de “eu consigo...”. Não cometa o erro de achar que está fazendo calar seu eu sabotador. Você está apenas equilibrando as coisas. Se *reprimir* o aspecto negativo, ele certamente voltará a persegui-lo. Se se envolver num diálogo equilibrado, conseguirá conquistá-lo e “eu consigo...” se tornará uma realidade mais dominante do que “não consigo...”.

Esteja preparado para enfrentar uma reação, uma resistência e acontecimentos que abalam a sua positividade, e repita este exercício sempre que isso acontecer. Você levou trinta ou quarenta anos para criar seu estado mental atual. Poderá precisar de mais do que trinta ou quarenta minutos para alterá-lo!

AUTO-SABOTAGEM

Já vi pessoas destruírem sistematicamente um sucesso inevitável. Elas reúnem uma tremenda energia para montar um negócio, organizando tudo com extraordinária firmeza e determinação; depois, bem no ponto em que ele está prestes a se tornar um grande sucesso, começam a destruí-lo. Já conheci profissionais de vendas que fizeram um trabalho extraordinário conseguindo pedidos realmente substanciais, e que sabotaram a si mesmos ao se despedir colocando dúvidas na cabeça do cliente quanto à entrega do pedido, sobre se este corresponderia exatamente à expectativa criada, apenas para o caso de alguma coisa sair errada. Essas pessoas possuem um sistema de crenças que diz que nada dá certo para elas — de modo que, quando algo contraria essa idéia, elas precisam destruí-lo, caso contrário o sistema de crenças que governa sua vida desmoronaria e esta deixaria, de repente, de ter uma estrutura e toda a segurança. Isso não é tão raro — talvez até seja uma situação que lhe soa bastante familiar.

Cada um de nós tem um ponto de vista único e bastante individual, uma maneira única de perceber a realidade. Vemos o mundo através de lentes cor-de-rosa, cinza ou quase totalmente negras. Este ponto de vista é determinado por conclusões a que chegamos e crenças que estão agora armazenadas no nosso subconsciente. É assim que funciona. Daí por diante, passamos a atrair situações que confirmam essas idéias, porque qualquer outra coisa significa voltar ao ponto de partida e precisar começar tudo de novo; e não existe nenhuma garantia de que esse ponto de partida estará presente ou, mesmo que esteja, de que seremos capazes de reencontrar o caminho.

Nem todo o mundo é vítima de atraso nos recebimentos ou de maus pagadores. De acordo com a minha experiência, apenas cerca de 10% dos negócios têm realmente problemas com o recebimento de dívidas. Há mais ou menos seis anos, enfrentei alguns maus pagadores, e examinando a situação me perguntei o que a estaria causando; compreendi que antecipara cada um dos eventos. Eu sabia de antemão quem pagaria em dia, quem atrasaria o pagamento ou quem simplesmente deixaria de pagar. Mesmo assim aceitava o trabalho e fazia o melhor que podia. Desse modo, há seis anos, decidi que não precisava mais dos maus pagadores. Eu não precisava provar que não se pode ter confiança nas pessoas, ou que meu trabalho não tinha valor. Se eu tivesse qualquer dúvida a respeito de um novo cliente, solicitava educadamente, porém com firmeza, que o pagamento fosse feito em duas ou três parcelas, e a primeira tinha que ser paga antes do início do trabalho. A maioria das pessoas pagava sem reclamar. Poucas levantavam ruidosas objeções. Eu me recusava a trabalhar com estas últimas, porque suas objeções confirmavam minhas suspeitas. Elas não pretendiam pagar. Na prática, eu não pressionava aqueles que passavam no teste do pagamento antecipado. Eu aceitava o pagamento contra a entrega ou logo depois do recebimento da mercadoria. A partir de então, nunca mais deixei de receber pagamentos e poucas pessoas levaram mais de 30 dias para pagar o que me deviam.

No momento em que escrevo este livro, a porcentagem de pessoas que deixam de receber pagamento dos seus devedores talvez tenha duplicado. Muitas se desesperam e, com vistas a fechar qualquer negócio, se deixam dominar pelo medo, em vez de confiar na intuição e no bom senso, aceitando transações desvantajosas, o que agrava ainda mais a situação.

As dívidas não pagas e sua freqüente conseqüência, a falência, proporcionam excelentes lições a respeito do eu, da auto-estima e dos apegos que o debilitam. Será que você se valoriza tão pouco a ponto de trabalhar de graça? Seria melhor você doar seu trabalho, uma vez que o comprador está claramente bloqueando a habilidade dele de receber e por conseguinte de pagar a si mesmo. Se sua alma achar que você deve ir à falência para poder aprender que é preciso mudar de direção, ou que você se tornou vaidoso, ou ainda que tem necessidade de se valorizar sem se distrair com os bens que o possuem... você certamente irá.

O não-pagamento das dívidas e a falência estão mais difundidos porque a nossa sociedade não conseguiu aprender o que é a abundância e está cega diante da destruição e da desgraça humana que seu anseio de prosperidade cria em todo o mundo. Como sociedade, não pagamos um preço justo pelo que tomamos dos outros. Com efeito, cobramos juros exorbitantes sobre os empréstimos do Terceiro Mundo, porque não somos nós que os pagamos. Deixamos um rastro de pessoas falidas no nosso percurso. Nesse momento estamos passando por uma experiência semelhante. Se nos importarmos com as nossas *próprias* falências, talvez nos seja permitido recuar da beira do abismo. Nesse meio tempo, aumenta cada vez mais o número de falências entre nós. Como previsão, parece o fim do mundo. Considerando retrospectivamente, pode ser libertador e revigorante.

O mesmo acontece com fornecedores em quem não podemos confiar, amantes volúveis — seja o que for que cada um de nós sente que precisa continuar a criar a fim de confirmar as regras que estabelecemos para nós dos 3 aos 7 anos de idade.

A ALDEIA SUPERPOVOADA

Dentro de cada um de nós há uma aldeia de personalidades — mamãe, papai, as reações que tivemos diante deles, o menininho, o pequeno e esperto professor, a vítima, o rebelde, o oportunista, e alguns roteiros, crenças e ideais românticos ainda mais antigos como o príncipe, a princesa, o Papai Noel, o bicho-papão.

Uma das perguntas que eu acho mais difícil de responder é "como vai você?" É claro que posso dar uma resposta rápida, irrefletida e socialmente aceitável: "Estou muito bem, obrigado. E você?" Mas se eu quiser mesmo responder de uma forma adequada à pergunta, preciso consultar minha aldeia de personalidades; preciso convocar uma reunião do conselho. Como estamos todos? Como vai você? Como está o "pequeno professor" hoje? Como está "o oportunista"? Como está a "gota de Divindade"? E depois de obter a resposta de todos eles, posso afinal responder: "25% de nós estamos um pouco deprimidos, e 75% nos sentimos maravilhosos, de modo que estamos mais ou menos 25/75 hoje, muito obrigado." É engraçado, mas descobri que as pessoas ficam na verdade bem mais satisfeitas com essa resposta do que com a resposta superficial e educada.

Apenas uma parte de nós oferece resistência, e ela é como uma bola dourada que arrastamos na extremidade de uma corrente também dourada. Ela foi muito bem polida com o passar dos anos, é extremamente bela, e portanto não causa surpresa que relutemos em abandoná-la. Mas precisamos fazê-lo quando resolvemos exibir com mais freqüência outras faces do nosso ser. Uma vez que a reconhecemos e tomamos a decisão de não permitir mais que nos atrapalhe — é claro que sem desprezá-la e prestando atenção às lições e ao *feedback* que ela nos proporcionou — podemos seguir em frente, executar as mudanças que nos permitem crescer e remover os obstáculos que tolhem o nosso desenvolvimento.

ESCOLHA A ABUNDÂNCIA

Dedique alguns minutos para anotar (1) a mudança que você quer realizar — por exemplo, quero ter abundância; (2) o obstáculo a essa mudança — por exemplo, a convicção de que não a mereço; e (3) o sistema de crenças que gera o obstáculo — basicamente, bem lá no fundo, não sou bom o suficiente. Este é o verdadeiro obstáculo, é isso que de fato atrapalha, e nenhum hábil "jogo de cintura", *curriculum vitae* brilhante ou trabalho árduo me trarão o que estou procurando a não ser que eu examine o sistema básico de crenças com o qual estou trabalhando. Se o obstáculo não for óbvio, procure adivinhar qual é, e tente descobrir quando, onde e como ele começou. Pergunte a si mesmo o que pode estar atrapalhando, o que acontece quando se dispõe a ser positivo ou a fazer uma mudança, o que o sabota, o que exatamente a voz interior do "Eu não consigo..." está dizendo. E volte no tempo para a época em que isso foi verdade para você pela primeira vez. Reconheça que esta provavelmente não era a verdade naquela época e que é absolutamente certo que não é a verdade agora, de modo que é chegada a hora de descartá-la.

Sua reação a essa sugestão poderá ser de perplexidade. Começar a falar sobre isso a uma outra pessoa pode ser realmente proveitoso. Sua própria mente talvez o impeça de chegar a algum lugar. Mostre então o que escreveu a alguém em quem confie. (Por que não confiaria? Qual é a resistência à confiança?) Desta vez, peça à pessoa que, enquanto você lê para ela o que escreveu, escute totalmente em silêncio, sem balançar a cabeça, sem se mexer, sem encorajá-lo ou tocá-lo de alguma maneira. Peça apenas que ela sinta amor por você, um amor incondicional, não importa o que você diga. Conceda a si mesmo 10 minutos para fazer isso. Uma vez que tenha deixado a mudança que deseja realizar e avançado em direção ao obstáculo a essa mudança, não volte a falar sobre a mudança. Continue avançando. Da mesma maneira, quando você chegar ao sistema de crenças que gera o obstáculo, não volte a falar sobre este último, continue a avançar. Se isso significa que você precisa sentar em silêncio durante 9 minutos, que assim seja. Estes poderão ser os 9 minutos mais lucrativos da sua vida. Aproveite-os!

Uma vez concluída sua tarefa — ótimo! Podemos agora começar a enfraquecer toda essa tolice e fortalecer você. Uma vez assumida a responsabilidade, você não apenas pode decidir mudar, você já decidiu. Enquanto exteriorizar, procurar desculpas fora de si mesmo, resmungar e se lamentar, não existirão esperanças para você, você escolheu ficar infeliz, desempregado, ou qualquer outra coisa. É você que escolhe se quer se fortalecer e crescer, ou ficar mais fraco e estagnar. O desconforto ligado ao processo da mudança não é nada em comparação com a dor de resistir a ele.

Um dos pontos importantes da mudança está relacionado com a não-resistência, permitir que sua mente consciente aceite o roteiro subconsciente: "Sim, estou ouvindo você, e cheguei à conclusão de que isso não é mais verdade. O conteúdo foi desagradável, me magoou, mas o contexto mudou; não sou mais uma menininha triste, ou uma cópia exata do meu pai alcoólatra. As coisas não precisam mais ser assim." O subconsciente ainda poderá tentar lutar, mas continue à escuta, com espírito de aceitação e disposto a mudar. Você está no comando. Ninguém faz nada para você. A decisão e a escolha são suas. Dedique 10 minutos por dia para ouvir a antiga crença e equilibre-a com uma crença nova e poderosa.

O segredo do sucesso

Lembre-se de que não existe algo como "eu não posso". Você pode *decidir* não fazer alguma coisa, mas dizer "não posso" não faz sentido. Se quer mudar o mundo, mude primeiro a si mesmo, e se não gosta da impressão final, mude o programa.

Portanto, no seu caso, qual o item de que precisa se libertar no momento? Qual o antigo sistema de crenças que está pronto para ser descartado? Qual o antigo roteiro familiar? Qual a antiga atitude e formas de fazer com que você esteja errado? "Dirigir um negócio? Você não é capaz nem mesmo de dirigir uma bicicleta!" Pense em como esse tipo de sentimento, que vem se arrastando há vinte anos, atrapalharia todo o processo. Está na hora de quebrar a corrente.

Dedique mais alguns momentos para escrever "eu costumava acreditar o seguinte a respeito de mim mesmo...", e depois anote a afirmação mais positiva que contraria essa declaração. Você pode dizer, por exemplo, "eu costumava achar que sou um palerma" e refutar essa idéia dizendo "sou um agente de transformação planetária". Se não achar difícil fazer esta última afirmação é porque o momento ainda não é propício. Mas há tempo suficiente. Roma não se fez num dia. Não vamos nos tornar seres iluminados, repletos de Cristo, num estalar de dedos. Repare que até mesmo esta última frase denota um sistema de crenças negativo, e se você se identificou com ela, descubra uma maneira de dizê-la de uma forma mais positiva. Por exemplo: "Sou um ser iluminado, repleto de Cristo."

O que tudo isso tem a ver com ter de chegar ao escritório amanhã às 9 horas? Caso não seja óbvio, de que serve um palerma que pensa que ter sucesso é servir uma xícara de café sem derramar uma gota, num escritório cuja perspectiva é potencialmente a transformação? Quanto mais palermas houver nesse escritório, mais distante se torna a probabilidade de transformação. Você é um palerma ou um agente de mudança?

Ler a respeito, pensar a respeito e até mesmo meditar seriamente a respeito resultará nalgum sucesso. Não obstante, a mudança exige algum esforço da sua parte, de modo que você deve usar o quadro abaixo para definir as decisões que vai tomar agora. Declare a principal mudança que quer testemunhar e observe a afirmação de compromisso enquanto começa a escrever uma declaração positiva que se oporá à antiga crença essencial que costumava refreá-lo. Escreva então três coisas que vem fazendo para que essa mudança aconteça. Assine e date a declaração, na certeza de que o processo está em andamento.

RESOLUÇÃO

A principal mudança que pretendo realizar é...
(descreva-a como se estivesse acontecendo)

Dedico-me totalmente a este processo e deixo que ele aconteça sem esforço, naturalmente e sem resistência.

A afirmação que contraria a antiga crença negativa essencial:

Eis o que estou fazendo para que essa mudança ocorra:

1. ______________________________

____

2. ______________________________

____

3. ______________________________

____

Assinatura ____________________ **Data** ________

INTERLÚDIO

Um desafio

Certo dia, no último verão, fui correr um pouco e compreendi algumas coisas a respeito da abundância. Podemos começar a correr em qualquer lugar. Onde quer que estejamos é sempre um bom lugar para começar. Pode ser que exista outro lugar melhor, mas isso não nos ajuda a correr. Se existe um lugar melhor para correr, será uma boa idéia irmos até lá. Mas se esta não for uma idéia prática, é melhor começarmos a correr onde estamos no momento, pelo menos por enquanto. Isso servirá de preparação para uma corrida em outro lugar, e jamais será um desperdício de energia.

Onde quer que comecemos a correr, há um grande número de possibilidades. Podemos ir em qualquer direção, até onde quisermos, e existem poucas limitações que não possam ser superadas. A única coisa de que precisamos é ter disposição e reconhecer a nossa liberdade de escolha. Se nos concentrarmos nas limitações, estaremos cometendo um erro e provavelmente não iremos muito longe. Talvez nem mesmo a lugar algum. É mais sensato não enfrentarmos todas as limitações ao mesmo tempo, atendo-nos ao que é possível. Correr por um campo onde um touro está pastando e onde há placas com os dizeres "Propriedade Particular. Proibido entrar. Risco de Vida!"; passar por cima de cercas de arame farpado e cabos de eletricidade para entrar numa área fechada; correr entre os carros numa estrada movimentada; correr além do limite da sua resistência, no escuro, de olhos fechados... são boas maneiras de demonstrar que correr é um erro bastante perigoso! Mais tarde, se alguma dessas formas ainda lhe parecer importante, você provavelmente descobrirá uma maneira de fazê-la.

Comecei a correr há cinco anos. Durante muitos anos, cultivei esse desejo mas estava sempre ocupado demais com alguma outra coisa, ou então encontrava uma desculpa. Minha melhor desculpa era dizer que correr exigia muito tempo. Eu queria algo rápido, algo realmente vigoroso e dinâmico que depois de 5 ou 10 minutos fizesse com que eu sentisse que realmente tinha *feito* alguma coisa. Por isso tinha uma atração muito grande pelo judô — um esporte tão vigoroso que uma luta normal não durava mais do que 3 minutos. Nunca tive nem força nem energia para me dedicar a esse esporte, e quando estava na casa dos 20 e dos 30 anos costumava me machucar toda vez que retomava a atividade... depois de me recuperar de uma lesão anterior! Comecei então a perceber que precisava de outro tipo de atividade para me manter em forma. E começo a perceber agora que se tivesse corrido mais, teria desenvolvido mais força e resistência, especialmente nas pernas, além de ter aumentado minha coordenação natural para apresentar um melhor desempenho no judô e não me machucar tanto.

Algumas coisas são realmente básicas na vida; a corrida (ou, pelo menos, longas caminhadas) é uma delas. Ela nos prepara para as curtas e intensas explosões de energia que podem ser necessárias... cerca de seis vezes ao dia! Caso contrário, essas exigências podem se revelar excessivas e transformar-se num constante conflito que leva à derrota.

Correr requer prática. Quando recomecei, depois de vários anos de inatividade, passei por momentos bastante constrangedores. Eu corria 400 metros e desmoronava atrás de uma árvore convenientemente localizada. Esse processo de investida rápida e recuperação ofegante continuou até eu torcer o tornozelo; fui para casa mancando. Não foi um começo muito glorioso. Tudo isso exigiu claramente a reformulação das minhas ações. Passei então a correr em volta do quarteirão durante apenas 10 minutos, de modo a nunca ficar muito longe de casa; dessa forma, podia me forçar ou me convencer a chegar à esquina seguinte sabendo que o esforço poderia ser suportado!

Aos poucos, verifiquei que tinha condições para correr mais rápido e ir mais longe, e as corridas passaram a durar quase o mesmo tempo que eu levava para tomar banho e trocar de roupa. Correr também me proporcionava uma sensação de realização e bem-estar. Ainda não estava morto, e me sentia mesmo em condições de lançar um desafio à ceifeira implacável. Senti que a vida realmente começava aos 40.

À medida que aperfeiçoava minha corrida, descortinava-se diante de mim todo um espectro de possibilidades e erros! O maior erro foi acreditar que eu devia começar cada corrida correndo o mais rápido possível, supondo que não seria capaz de correr mais tarde com a mesma velocidade. Na verdade, estava limitando a distância que conseguiria percorrer e as lições que poderia aprender; mesmo assim houve recompensas. Agora eu conseguia fazer todo o percurso (bem, *quase* todo) ao redor de Wimbledon Common, cerca de 9 quilômetros mais ou menos, em uma hora; portanto, conseguia contemplar duas vezes mais o Common do que se caminhasse durante uma hora.

Nessa ocasião, uma experiente corredora grega de maratona entrou por um curto espaço de tempo na minha vida. Eu já havia desenvolvido uma capacidade de resistência suficiente para me beneficiar de uma opinião técnica de alto nível. Corríamos juntos sem que eu "passasse vergonha" ou a obrigasse a diminuir excessivamente o passo. Partimos, e eu estava *na frente*! "Você está correndo rápido demais", disse ela. "Grande corredora de maratona você é", pensei enquanto diminuía o ritmo. "Você precisa correr suavemente no primeiro quilômetro e meio, concentrando-se na sua coordenação", ela explicou. "Depois disso, pode aumentar gradualmente sua passada e sua velocidade, e conseguirá manter esse ritmo durante muito mais tempo." Aprendi muito naquele dia — a colocar os pés numa linha reta, a tocar o chão com a parte externa da frente do pé, a erguer o pé reto atrás de mim, a deixar cair o ombro, a variar a minha marcha — às vezes correndo a toda velocidade, às vezes em passo moderado, alternando as longas passadas com as curtas, e até mesmo caminhando e apenas me concentrando na respiração e na postura. Em *The Zen of Running* eu já tinha aprendido a encontrar um padrão respiratório que funcionava para mim (uma contagem de três para expirar e dois para inspirar), a me inclinar levemente para a frente, a erguer os joelhos e oscilar ou quicar em vez de empurrar, e a só fazer o que fosse extremamente agradável no momento. É mais fácil antegozar a corrida seguinte, quando a anterior é agradável. E cada corrida produzia uma lição aqui ou uma pequena melhora acolá. Você sabia, por exemplo, que a melhor maneira de subir correndo uma montanha é com passadas rápidas e curtas, que exigem um maior consumo de oxigênio, e olhando no máximo três passos à frente?

Minha mente competitiva ainda calculava a velocidade média e queria correr um pouco mais, um pouco mais rápido e progredir sempre. Isso tinha seu lado bom, pois minha vontade também era exercitada, mas no final demonstrou ser minha ruína. Entrei numa corrida de 10 quilômetros e a completei em honrosos 41 minutos; meu ego continuava ansiando por mais, e minha habilidade aperfeiçoada o alimentou. Houve um dia glorioso em que eu corri 10 quilômetros e meio, achava que "conseguiria fazê-lo de novo!" Por isso, continuei e corri 20 quilômetros. Foi um pouco demais, mas consegui, e um filme já passava pela minha cabeça. Nele eu participava da maratona de Londres e era aplaudido por milhares de admiradores! O próximo passo seria uma meia maratona ao redor de Burnham Beeches em agosto de 1988. Vinha correndo 40 quilômetros por semana e fazia regularmente 12 quilômetros por hora, portanto estava preparado. Completei a meia maratona de Burnham Beeches em 1 hora e 54 minutos (certa de 11 quilômetros por hora)... e acabei com as articulações dos joelhos pois não estava acostumado a correr na estrada. Praticamente não corri nos três anos seguintes. Aos poucos, a administração do The Breakthorough Centre foi tomando cada vez mais o meu tempo, e acabei parando de correr. Percebi que precisava dormir mais, e que isso me fazia cada vez mais mal. Passei a ter cada vez mais dificuldade para levantar de manhã, e à noite me sentia simplesmente exausto.

Desse modo, no terceiro aniversário da minha derrocada na meia maratona, resolvi voltar a correr. Aos poucos recuperei a antiga forma, e consegui de novo desfrutar o exercício e deixar minha mente vagar livre durante cerca de um hora. Preciso progredir um pouco mais. No início, eu caminhava cerca de um terço da distância e ainda assim só corria 8 ou 9 quilômetros. Quando corri 12 quilômetros pela floresta e subi o Monte Califer que se eleva acima da Baía de Findhorn, caminhei apenas cerca de 1,5 quilômetro e retornei em 85 minutos. Apesar disso, apreciei o processo e não dei importância ao tempo. A estrada tem um longo trecho reto perto do final, com 1,5 quilômetro de ladeira. Minha mente o temia terrivelmente, mas fechei os olhos e o percorri sem esforço, apenas verificando a direção a cada 25 passadas. Correr de olhos fechados é extraordinário. A encosta torna-se um terreno plano, e minha marcha nem sequer se alterou. Aquilo que a mente julgava impossível tornou-se fácil graças à minha imaginação. Vou correr de novo amanhã, clareando meus pensamentos, deixando de fora a negatividade, melhorando minha corrida... e praticando a abundância.

A abundância, como a corrida, pode exigir tempo. Certamente, requer prática. Existem limitações óbvias, em geral tanto mentais quanto físicas, a serem superadas, e a maior delas é o ego carente. À medida que nos familiarizamos mais e mais com a sensação da abundância, penetramos em novas dimensões onde professores, que não poderiam ter nos ajudado antes porque não estávamos à altura deles, agora se tornam disponíveis. A abundância então assume o comando e podemos fluir junto com ela. Depois de uma corrida de 9 quilômetros é comum um outro nível de energia assumir o comando. As endorfinas começam a circular e experimentamos o que é chamado de "*dopping* de maratonista". Com a abundância ocorre exatamente a mesma coisa, e ela tem lugar independentemente do ambiente.

Devagar se vai ao longe

A lição mais inverossímil que aprendi com a corrida foi descobrir a verdade absoluta do antigo ditado "devagar se vai ao longe". Correr muito rápido no início limita a distância que podemos correr *e* a velocidade global na qual percorremos essa distância. Querer abarcar o mundo com as pernas pode nos eliminar da corrida. Eu sei que exagerei quando corri 20 quilômetros a 11 quilômetros por hora na estrada e agora, três anos e meio depois, só consigo correr 10,5 quilômetros a 9,5 quilômetros por hora. Aprender a me sentir bem com relação a isso e reconhecer a abundância, mesmo na redução, foi uma importante lição para que eu pudesse apreciar tanto uma corrida curta quanto uma longa, apreciá-la pelo que ela é, não por ela ser um passo em direção a uma outra coisa, e sem compará-la negativamente com o meu desempenho, o meu "resultado", em Burnham Beeches.

Ter sucesso não significa apenas correr um longo trecho em alta velocidade. Sucesso é estar correndo. E a abundância na corrida está além dos conceitos de sucesso. Avaliamos a nossa capacidade, e fazemos a metade para poder desfrutá-la e sentir que existe mais ainda por vir. Abundância é pegar o que precisamos no momento, e não necessariamente todo o pote. Se esvaziar o pote, você corre o risco de perder tudo por insistir em ter tudo *agora*. Não exagere, especialmente quando estiver treinando. Fazer força para atingir o limite é trabalho do Ego. Você poderá conquistar um resultado a curto prazo, mas deixará escapar a abundância permanente. Abundância é uma suave abastança, não um esforço excessivo.

O desconforto de suportar uma mudança não é nada comparado com a dor de resistir a ela.

6

Criando uma Realidade Abundante

Cada um de nós cria o seu próprio ambiente. Antes que você interrompa a leitura, comece a se lamentar ou expluda, quero explicar que, neste capítulo, vou qualificar de várias maneiras o que acabo de dizer.

UMA OPÇÃO DIRETA

Somos responsáveis por tudo o acontece na nossa vida — pelas pessoas, pelos livros, pelos grupos de que participamos, pelos nossos negócios ou pelo nosso ambiente de trabalho, por todos os nossos pensamentos e sentimentos, pelo que conseguimos e pelo que não conseguimos. Se eu tentar me esquivar à minha responsabilidade dizendo a mim mesmo que estava preocupado com tal e tal coisa, preciso então assumir a responsabilidade por tal e tal coisa ter ocorrido, por ter decidido me preocupar a respeito daquilo e por ter me apegado a inúmeros sentimentos negativos, em vez de usar alguma energia positiva. E tenho uma opção direta — posso ficar infeliz o dia inteiro ou optar por examinar o contexto da minha infelicidade, observar o que ele tem a me dizer e tomar as medidas necessárias. Também posso escolher deixar de lado meus sentimentos de infelicidade e viver um dia maravilhoso. Está tudo em minhas mãos.

Não posso mais jogar a culpa do que sai errado comigo sobre alguém ou sobre alguma coisa. Não posso culpar as circunstâncias do meu nascimento, algo que meus pais possam ter feito, experiências infelizes na escola, figuras revestidas de autoridade hostis ou gerentes de banco que não querem cooperar. Seguindo a mesma linha de raciocínio, também posso assumir 100% de crédito por tudo o que acontece na minha vida. Posso receber todo o crédito pelo meu sucesso e por permitir que as pessoas que me ajudaram a alcançar esse sucesso entrassem na minha vida (porque até isso nós escolhemos!), e também posso assumir o crédito por estar rodeado de pessoas maravilhosas.

Qual a sua reação a tudo o que acabo de dizer? Tudo isso lhe parece egoísmo ou arrogância? Soa como a mais rematada tolice? "Faz com que você fique zangado?" Você é capaz de assumir a responsabilidade pelos seus sentimentos ou vai tentar despejá-los sobre mim?

Se você não aceitar a idéia de que é responsável pelo ambiente que você cria, estará dizendo que é vítima das circunstâncias, que alguém ou alguma coisa vem comandando a sua vida, que você não tem controle sobre ela, ou sobre os seus sentimentos com relação a ela, e que não existe realmente nenhuma esperança para você. Não acredito nem um pouco nisso, porque o tipo de pessoa que chega ao sexto capítulo de um livro como este está me dizendo: "Estou farto de ser um joguete nas mãos de outras pessoas, de ouvi-las dizer o que devo pensar e sentir, e de aceitar que elas tornem a minha vida miserável. Estou começando a reconhecer que a única pessoa que pode fazer alguma coisa a respeito da minha vida sou eu, e não estou preparado para continuar a jogar em cima dos outros a responsabilidade com relação a tudo isso."

SER COMPLETO EM SI MESMO

Os que não estão preparados para assumir a responsabilidade pela própria vida chamam esse comportamento de "egoísta". Não existe uma palavra em português que descreva o ponto positivo intermediário entre o egoísmo e o altruísmo. Vou chamar esse estado de completo em si mesmo. Eu o encorajo a ser completo em si mesmo. Eu lhe dou permissão para que você se dê permissão para ser completo em si mesmo! As pessoas completas em si mesmas não são fardo para ninguém, ninguém precisa arcar com os problemas dessas porque elas mesmas fazem isso e, enquanto as pessoas egoístas nunca fazem nada por ninguém, as pessoas completas em si mesmas estão constantemente fazendo coisas pelos outros, porque escolhem fazê-lo, e não por causa de alguma vantagem, ou por se sentirem obrigadas por alguma convenção social; elas o fazem porque querem, porque assim decidem. Elas não esperam reconhecimento ou gratidão, e não é por isso que estão ajudando. Repito, elas o fazem porque se decidiram a isso. Se não receberem agradecimentos e se porventura se sentirem magoadas ou insultadas por causa disso, elas assumem a responsabilidade pelos seus sentimentos. Como se costuma dizer, isso é problema delas, não dos outros. Elas reconhecem que sua motivação por terem feito o que fizeram pela outra pessoa não estava totalmente desprovida de ego; reconhecem isso em si mesmas, se perdoam e vão em frente.

Ser completo em si mesmo pode ser descrito como uma espécie de altruísmo iluminado; conseguimos o que queremos e garantimos que todas as outras pessoas também consigam o que querem, sem sentir que temos que fazer tudo por elas. Ser completo em si mesmo pára onde começa a liberdade do outro: o egoísmo, não. Cabe aos outros decidir o que fazer com a vida deles, o que recebem e o que escolhem não receber. Uma reação muito comum a isso tudo — e a minha também, de vez em quando — é: "Eu optei por isso? De jeito nenhum!", mas se não foi você quem optou, quem o fez e por que eles fizeram uma escolha que você não fez? A resposta, provavelmente, é que eles optaram; então, por que você também não optou?

A história de Bill e Ben

Tomemos dois exemplos. Bill está desempregado e zangado. É tudo culpa "daquele idiota da Downing Street, do governo, dos patrões cruéis e fascistas, dos monopolizadores de capital que acumulam o dinheiro e o guardam só para si". Ele acha que deveria haver emprego para todos, independentemente da capacidade, da experiência, da qualificação e do preparo de cada um para aparecer de manhã no emprego e agüentar um dia de trabalho. Ele está ressentido e zangado enquanto se arrasta penosamente na fila para receber seu parco salário-desemprego. Bill assiste muita televisão, o que o deixa ainda mais zangado. Passa cada vez mais tempo no bar, lamentando-se a respeito da podridão geral. De vez em quando, se candidata a um emprego, mas no fundo, no fundo não espera conseguir nada, de modo que é exatamente isso o que acontece.

Seu desemprego pode ter sido causado pelo governo e pela política das empresas e dos sindicatos, mas lamentar-se o levará a algum lugar? Fará com que ele se sinta feliz e realizado? Fará com que consiga um emprego? Claro que não! Somente quando Bill assumir a responsabilidade pela situação em que se encontra e decidir mudar é que haverá alguma esperança.

Ben também está desempregado. No início, ficou simplesmente arrasado, deprimido e sentiu-se magoado ao extremo com o acontecido. Era um funcionário consciencioso e bastante produtivo. O que mais o feriu foi o fato de que outras pessoas na mesma empresa que tinha bem menos a oferecer permaneceram no emprego, ao passo que seu cargo foi extinto. Assim, durante algum tempo ele ficou em casa aborrecido; depois, em momentos de grande sinceridade, reconheceu que estava gostando do descanso, pois bem que o merecia. Também reconheceu que a única pessoa que iria tirá-lo daquela situação era ele mesmo. Teria de se dedicar a rever suas habilidades profissionais, atualizando-as, desenvolvendo-as e aprendendo novas técnicas, e isso lhe daria muito mais oportunidades de conseguir um novo emprego.

À medida que começava a assumir o comando da sua vida, ficava cada vez mais entusiasmado e passou a conversar com as pessoas a respeito do que estava fazendo e do que tinha em mente, de como estava determinado a conseguir o que queria. Candidatou-se a 75 empregos e foi recusado em todos. A cada desapontamento ele conseguiu ser sincero consigo mesmo e analisar o motivo pelo qual não conseguia a colocação, o que mais poderia ter feito, o que o empregador tinha em mente. Pouco depois, chegou ao ponto de perguntar aos empregadores, educadamente e sem nervosismo, o motivo pelo qual ele não se qualificara para a posição oferecida, e o que deveria fazer para se qualificar para esse ou algum outro emprego. Também perguntou se havia outras pessoas requerendo vagas ainda não preenchidas. Quanto mais assumia o comando do seu destino, mais animado e mais forte ele ficava para enfrentar os inevitáveis desapontamentos da sua busca de emprego.

Qual desses dois você empregaria? Bill, que desistiu de si mesmo e resignou-se a ser um perdedor, ou Ben, que está usando a mesma situação como uma oportunidade para aprender e crescer?

Não existe nenhuma garantia de que Ben conseguirá um emprego, mas, sem dúvida, ele sairá engrandecido da experiência. Bill, por outro lado, só poderá cair mais ainda. Mesmo que consiga um emprego, seu ressentimento apodrecido permanece não resolvido. As coisas certamente continuarão a dar errado para ele, porque esta é a única realidade que ele consegue enxergar.

As pessoas positivas atraem para si uma energia positiva. Os outros se sentem inclinados a ajudá-las. Gostam de ficar perto da energia delas e se sentem bem recomendando-as a outras pessoas. Os indivíduos negativos circulam com uma grande nuvem negra sobre suas cabeças e todo mundo procura se esconder. Quer dizer, todo mundo menos todas as outras pessoas infelizes, que se sentem mais à vontade diante da tristeza do que do sucesso e da felicidade. A desgraça nunca vem só!

Não é culpa de ninguém

É claro que é muito difícil dizer a alguém que está desempregado que ele é o responsável pela sua situação. Não que seja culpa dele, uma vez que isso não é verdade, mas somos todos responsáveis. É muito complicado e, ao mesmo tempo, a coisa mais agradável que podemos dizer, porque confirmar a negatividade dele e confirmar a crença de que ele é vítima de circunstâncias externas e de que não existe esperança, a não ser que ocorra uma mudança nessas circunstâncias, é ainda menos proveitoso. Claro que o que devemos fazer nessa situação não é lançar essa idéia sobre a pessoa e, a seguir, não lhe dar atenção, o que só aumentaria seu infortúnio. Por saber que poderemos ajudá-la, e que ela só poderá ajudar a si mesma se assumir a responsabilidade pelo que está acontecendo e se modificar, fazemos algumas perguntas e conversamos com ela procurando ajudá-la a chegar a um ponto onde possa pelo menos assumir alguma responsabilidade e evoluir pelo menos um pouco.

Atravessando o oceano a nado

É mais fácil criar alguns ambientes do que outros. É mais fácil fazer algumas mudanças e opções do que outras. Posso facilmente refutar a teoria de que eu crio a minha própria realidade optando por atravessar a nado o Oceano Atlântico, sem ter aulas de natação, sem providenciar qualquer apoio, sem ser realista a respeito do que decidi fazer. Muitas pessoas, talvez a maioria, procuram fugir às próprias responsabilidades resolvendo executar tarefas impossíveis. Depois de afundar como uma pedra a 18 metros de Southampton Harbour, elas dizem: "Viu, eu não disse que não ia conseguir?" O fato de decidir atravessar o Atlântico não significa que você possa evitar assumir as conseqüências da sua escolha. Você é tão responsável pelas conseqüências quanto pelas escolhas que faz, e quando as coisas pelas quais você opta não dão certo você é tão responsável por essa conseqüência insatisfatória quanto é responsável quando emerge no porto de Nova York.

Quando você assume a responsabilidade pela direção da sua vida ou por algum projeto particular a que resolve se dedicar, é comum haver coisas a serem aprendidas, coisas a serem levadas em conta e, freqüentemente, várias etapas que resultam na realização da meta que você escolheu. Isso tudo pode exigir tempo. Alguns limites e limitações são mais difíceis e levam mais tempo para serem transpostos do que outros. Um bom teste para verificar até que ponto suas escolhas são realistas e com que rapidez você será capaz de realizá-las é verificar quantos seres humanos já conseguiram fazer o mesmo. Até onde eu sei, ninguém jamais atravessou a nado o Oceano Atlântico. Este seria um início, e seria sensato da sua parte perguntar a si mesmo por que ninguém jamais conseguiu alcançar o objetivo que você se propõe atingir.

Aceite portanto a idéia de que se as suas metas envolvem transpor uma barreira física que ninguém, ou quase ninguém, até hoje conseguiu ultrapassar, elas poderão precisar de muito tempo para serem atingidas, e se você se sente desapontado por não conseguir atravessar o Atlântico a nado, correr 100 metros em menos de 8 segundos ou viver até os 500 anos de idade, reconheça que o desapontamento que está sentindo é a realidade que se propôs criar. A maioria das pessoas, contudo, consegue permanecer num emprego e gerar o rendimento básico de que precisa para sobreviver, de modo que este é um objetivo menos exagerado, mas que poderá, mesmo assim, exigir muito tempo e energia de sua parte.

A barreira dos 4 minutos por milha

Limites e limitações podem ser afastados e superados. Acreditou-se durante séculos que o ser humano jamais conseguiria correr uma milha em menos de 4 minutos. Porém, num dia insípido em Oxford, Roger Bannister conseguiu fazê-lo — apenas por uma fração de segundos, mas conseguiu — e o mais estranho é que ele superou essa barreira para outras pessoas. Tão logo a barreira dos 4 minutos foi superada, inúmeros corredores também registraram tempos inferiores a 4 minutos, e agora, 35 anos depois, o recorde mundial para a milha encontra-se cerca de 15 segundos abaixo da barreira dos 4 minutos. Eis aqui uma analogia agradável e exeqüível. Você faz escolhas para a sua vida, reconhece quais são as barreiras, limites e limitações, tanto para a humanidade como um todo quanto para você em particular. De que modo as outras pessoas superaram essas barreiras? Qual o treinamento, aprendizado e preparação julgados necessários para atingir seus objetivos? Talvez você consiga romper a barreira sem nenhum preparo, talvez não.

Esta forma de analisar a situação lhe dá uma boa idéia do que está empreendendo, quais as chances de sucesso e quanto tempo poderá ser necessário para você atingir seus objetivos. Definir uma meta que resulta em desapontamento é apenas uma das escolhas que você faz; e você não consegue se livrar tão facilmente da responsabilidade!

O CONTEXTO CULTURAL

Uma das limitações óbvias a ser superada é o contexto social ou cultural no qual você vive. Existe uma ampla gama de possibilidades dentro de cada contexto cultural. No que diz respeito ao nível superficial de ganhar dinheiro, por exemplo, é mais fácil acumular 1 milhão de dólares nos Estados Unidos do que na Etiópia ou em Bangladesh. Ainda assim é possível, mas poderá levar mais tempo e pode ser uma possibilidade real apenas para poucas pessoas. A limitação, neste caso, se deve em grande parte à consciência de grupo. Se toda a consciência de grupo que o rodeia for contrária ao que você deseja criar, poderá levar mais tempo para consegui-lo, mas logo que você conseguir demonstrar que a limitação imposta pela consciência de grupo pode ser rompida, como a barreira dos 4 minutos para a milha, você terá mudado a consciência do grupo, abrindo uma nova possibilidade. Você pode fazer isso, pode decidir ir para algum lugar no qual a consciência de grupo seja diferente, ou desenvolver uma nova consciência por meio de livros e fitas. Também é possível que escolha deixar o grupo; o que pode ser mais ou menos difícil, dependendo do número de pessoas ao seu redor que estão dispostas a mudar, mas a escolha ainda está presente e ainda é sua.

Assumindo a responsabilidade

Embora seja possível superar os limites, quase todos nós nos preocupamos primeiro em descobrir quais são. Desse modo, onde quer que nos encontremos e seja qual for a cultura, uma das coisas que precisamos examinar claramente para sermos realistas com relação às metas que escolhemos é a amplitude atual de possibilidades. No Ocidente, a gama de possibilidades encontra-se entre termos 5 libras por dia para suprirmos todas as nossas necessidades e acumular centenas de milhões de libras em bens e propriedades. Se eu tiver 35 libras por semana, é realista pensar em duplicar essa quantia. Se eu tiver um milhão de libras em propriedades, é realista pensar a respeito de duplicar meu patrimônio.

Ao mesmo tempo, na Etiópia, a gama de possibilidades está entre morrer de fome em questão de dias e mal ter o suficiente para sobreviver. Nesse caso, para que eu possa pensar de forma realista em melhorar a minha situação, preciso definir uma meta na qual eu sobreviva mais um dia ou deixe de sentir fome ao menos um dia por mês. Não tenho nenhuma dúvida de que isso é extremamente injusto, mas as nações desenvolvidas, com sua política imperialista, não são responsáveis. A *culpa* também não é do Terceiro Mundo por se recusar a continuar a receber subsídios do Ocidente. Nem tampouco é responsabilidade dos governos resolver essa situação. É minha responsabilidade. Sou pessoalmente responsável pela fome na Etiópia, pela destruição das florestas tropicais, pelo sucesso dos meus negócios, por tudo o que eu faço a respeito dessas responsabilidades, e pelas conseqüências do que eu faço ou deixo de fazer. Tanto eu quanto você precisamos examinar a nossa vida e decidir quais são as nossas prioridades; como podemos exercer o maior impacto sobre aquilo que mais nos interessa.

Não posso fazer tudo — pelo menos não ao mesmo tempo! Estaria sendo irrealista se dissesse que poderia resolver os problemas do mundo até a próxima terça-feira e também ajudar minha avó a se mudar. O argumento *reductio ad absurdum* nunca refutou nada. Ele simplesmente aponta as limitações realistas e o grau de dificuldade do empreendimento. As coisas sobre as quais eu tenho absoluto controle são: como sou, como me sinto, o que penso em qualquer contexto ou situação em que (eu escolha) me encontrar.

Todos já ouvimos falar em multimilionários que vivem uma vida terrível por estarem o tempo todo preocupados com a perda do dinheiro. Da mesma forma, também já ouvimos falar em pessoas que não têm dois tostões no bolso, mas que têm uma perspectiva positiva diante da vida e que, de um modo ou de outro, conseguem "se virar". Se eu decidir ganhar 20 milhões de libras por achar que isso me fará feliz e na prática descobrir que isso não aconteceu, devo aceitar imediatamente a responsabilidade pelo ocorrido. Eu criei os 20 milhões de libras e também criei a falta de alegria e o medo que envolve toda a situação. Eu tenho a opção de criar outros 20 milhões para ver se consigo resolver o problema dessa maneira, ou encontrar uma outra forma de ser mais feliz — ingressando na abundância, por exemplo.

VOCÊ OPTOU POR ISSO

Sempre recebemos o que nos propusemos a alcançar ou uma lição a respeito da nossa meta, de modo que a situação em que nos encontramos certamente é algo criado por nós. Temos, porém, uma opção: podemos aprender com essa lição ou continuar a cometer sempre o mesmo erro. As pessoas que acreditam que o dinheiro é a resposta para tudo tendem a continuar a cometer o erro de achar que ganhar mais dinheiro será uma resposta melhor para a vida cada vez mais infeliz e terrível que criaram para si mesmos. A situação em que você se encontra agora é resultado de escolhas que você fez no passado. *Você tem a opção de continuar a reforçar seus antigos sistemas de crenças, questioná-los ou ainda experimentar novos sistemas de crenças.*

Temos a opção de aceitar ou não a ordem social dominante assumindo o fardo de seis filhos ou uma enorme hipoteca, pesados compromissos financeiros ou um determinado tipo de emprego. Somos tão responsáveis pelas conseqüências de aceitar a ordem social quanto de não aceitá-la. Você está na situação em que se encontra agora, com relação aos que o rodeiam, em virtude de opções que fez no passado.

Você agora tem mais uma opção — continuar a acreditar que tudo isso é uma asneira, e assumir as conseqüências dessa idéia, ou decidir experimentar um novo conjunto de convicções e assumir as conseqüências desta decisão. Seja como for, você estará criando seu ambiente pessoal, porque parte do ambiente que você cria é sentir ou não que tem uma escolha. Até você fazer a escolha, o ambiente que criar será superficial e pouco gratificante.

Tive um trabalho enorme para evitar a apresentação excessivamente simplista que a idéia de criar a própria realidade geralmente recebe. Existem quatro outras ressalvas a serem enfatizadas para que nos distanciemos ainda mais do fascismo espiritual que usa tudo isso como uma desculpa para a falta de sensibilidade e a condescendência. Elas não eliminam a responsabilidade, mas esclarecem aquilo pelo que somos responsáveis.

1. Os outros também criam

Ao mesmo tempo em que criamos a nossa realidade, todas as outras pessoas também estão criando a realidade *delas*, e esta não apenas influencia a nossa realidade como poderá criar-lhe um obstáculo. Foram necessários anos, por exemplo, para que aqueles que se preocupam com o meio ambiente conseguissem fazer com que seu ponto de vista fosse levado a sério por um sistema político, econômico e social que venera o crescimento a qualquer preço e a acumulação em detrimento da distribuição sensata da riqueza. Agora, pelo menos, nossos líderes estão aprendendo a usar a linguagem do ambientalismo e, no devido tempo, suas ações poderão se tornar coerentes com suas palavras. Neste ínterim, as tentativas dos ambientalistas de criar sua própria realidade no Brasil, em Queensland, na Etiópia e, na verdade, em todo o planeta, foram dificultadas e retardadas.

Nada disso destrói o argumento de que criamos a nossa realidade — na verdade, até o confirma. E pode levar tempo. Certamente não justifica que as pessoas deixem de continuar a se esforçar por criar uma realidade constante e permanente para todos nós.

2. *A responsabilidade pelo relacionamento*

Em segundo lugar, não importa o que aconteça quando nos propomos a criar uma realidade mais nobre; independentemente das circunstâncias em que nos encontramos, não temos justificativas para abolir a nossa responsabilidade no que diz respeito ao nosso relacionamento com esta realidade. Os fatos não importam, e por maior que seja a responsabilidade que atribui a eles, você tem 100% de controle sobre seu relacionamento com eles. Eles sempre contêm uma lição.

3. *Acidentes acontecem*

Isso nos traz à terceira ressalva que precisa ser feita — a de que ocorrem acidentes. Você pode fazer um bolo perfeito 100 vezes seguidas e um dia, sem mudar nenhum dos ingredientes ou o método empregado, o bolo simplesmente vira borracha! (Este é um exemplo da vida real!) Estaríamos sendo arrogantes e irrealistas se duvidássemos da existência de fatores totalmente aleatórios. Mesmo assim, somos responsáveis pelo nosso relacionamento com eles e pelas lições que extraímos da experiência, e é preciso que se diga que existem pessoas mais propensas a sofrer acidentes do que outras. Sempre que algo desse tipo acontece, ainda é possível e responsável dizer: "Será que fui eu que provoquei isso, e qual será a lição que tenho a aprender?" Ocasionalmente podemos reconhecer que nossos mecanismos de fuga não são perfeitos, sem fazermos disso uma desculpa cotidiana para o fato de a vida não dar certo.

4. *O que acompanha o território*

Por fim, mesmo quando uma "boa" realidade é criada, é bem possível que "más" realidades a acompanhem. À medida que o despotismo sucumbe na Europa Oriental, algumas forças extremamente desagradáveis também vão sendo liberadas. Ao que tudo indica, esta é a dinâmica do sistema — o fato de o "bem" surgir acompanhado de outras coisas que consideramos "más", de eles fazerem parte do mesmo território.

Nosso problema com relação a isso, bem como com toda a esfera da criação da realidade, é que insistimos em ver as coisas de uma forma dualista — bem e mal, alto e baixo, espiritual e material. Em vez de enxergarmos polaridades distintas, se considerarmos o "bem" e o "mal" apenas como duas maneiras de encarar a mesma coisa, grande parte da nossa dificuldade e da nossa resistência com relação ao conceito da criação da realidade pode desaparecer; a "luz" é o que está voltado para o Sol; a "escuridão" é o que não está voltado para o Sol. Considerar o sucesso como algo puramente ameno e luminoso é, na melhor das hipóteses, irrealista.

Ninguém disse que o que estou descrevendo seria fácil, mas ao mesmo tempo não é exatamente difícil; pode levar tempo. A maior parte da dificuldade que as pessoas têm para aceitar este pensamento decorre da suposição de que eu, você, ele ou ela são criaturas unicelulares com um único conjunto de crenças e metas, e um único conjunto de reações diante da vida. Tomando um simples exemplo, "eu", na verdade, não estou zangado. Existe uma parte de mim que está zangada; há uma outra parte de mim que está zangada por eu estar zangado; existe uma outra parte que é solidária com a raiva que eu sinto e gostaria que eu a expressasse de um modo menos pernicioso; e existe ainda uma outra parte que sabe que a raiva é contraproducente e gosta de mantê-la sob controle. Às vezes, obtemos uma reação da parte que está zangada, às vezes, da parte que controla a raiva; ambas são partes do meu ser, nenhuma delas é meu ser total e se você acha que existe algo que se chama "eu", pode ficar muito confuso quando esse "eu" reage de uma maneira diferente de tempos em tempos. É absolutamente essencial reconhecer que todos esses diferentes aspectos do meu ser exerceram individualmente algum impacto e influência na situação em que me encontro atualmente. Mal estou consciente da maioria dessas partes do meu ser, de modo que mal percebo o que entrou em ação para criar o ambiente em que vivo. Desse modo, se você ainda acredita que não criou seu ambiente atual, isso se deve basicamente ao fato de você não ter consciência de certas partes de si mesmo que têm estado ocupadas em criar esse ambiente sem o colocar a par do que estão fazendo.

O modelo de psicossíntese desenvolvido por Assagioli (apresentado adiante) explica o relacionamento entre as diversas partes que formam o eu. A compreensão dessa relação fornece o contexto ideal para que você trabalhe na integração e no alinhamento com o seu verdadeiro eu, o Eu Superior. Este fato, por sua vez, abre as portas às possibilidades de você viver de acordo com o seu potencial mais elevado.

Cada um de nós tem uma maneira única e extremamente individual de perceber a realidade, o que, entre outras coisas, determina os níveis de personalidade que desenvolvemos no passado e que estão em ação no presente. A maneira como percebemos a realidade é em grande parte determinada pelas conclusões a que chegamos a respeito da vida, das pessoas, de nós mesmos, de Deus e do mundo, e esses conceitos estão armazenados no nosso subconsciente. Este último fornece um constante *feedback* ao nosso eu consciente e tende a atrair situações que confirmam esses conceitos e se encaixam à auto-imagem que essas convicções moldaram; se, por exemplo, amamos a nós mesmos e aos outros, se nossas metas são baixas ou elevadas, se construímos o sucesso ou o fracasso, o que percebemos, experimentamos e sentimos.

Começamos a tirar conclusões a respeito da vida desde muito cedo, certamente desde os primeiros cinco ou sete anos da nossa existência, provavelmente nos primeiros cinco ou sete dias de vida, e muitos até diriam nas primeiras cinco ou sete horas ou minutos, ou bem antes de nascermos. Aprendemos que nem sempre conseguimos o que queremos; aprendemos que alguns animais ficam zangados, e aprendemos a atribuir nomes a eles e a estereotipá-los. Aprendemos num dado momento que não podemos confiar na vida, que o nosso amor nem sempre é retribuído, que algumas vezes as peças dos brinquedos de armar ficam no lugar e outras não, e que de vez em quando alguém as leva embora e as esconde.

As conclusões que tiramos formam padrões que se consolidam em sistemas de crenças. Qualquer coisa que contrarie esses sistemas de crenças é desagradável. Qualquer coisa que os confirme é agradável, independentemente de quão desagradável possa ser em si mesma. Desse modo, a vida torna-se um processo em que repetimos os mesmos antigos padrões de medo e fracasso, luta e dor, porque aprendemos e agora "sabemos" como é a vida; e não queremos alterá-lo porque, se começarmos a questionar as suposições em que baseamos a nossa vida, onde tudo irá parar?

Os pensamentos que programamos no nosso subconsciente nesses primeiros anos são os pensamentos que criam o nosso ambiente atual. Acho que vou fracassar, e assim por diante. Acho que serei o segundo, de modo que se houver qualquer risco de eu ser o primeiro, darei um jeito de tropeçar para garantir que chegarei em segundo lugar.

Por volta dos 28 anos, todo um elenco de subpersonalidades já se ergueu no nosso subconsciente. Podemos ter um desempenho brilhante representando qualquer um desses personagens, e se alguém tentasse nos roubar o papel, relutaríamos muito em permiti-lo. Esses personagens que representamos são com freqüência grosseiras distorções de ideais de amor, de justiça, de bondade etc., que apenas vagamente percebemos e que podem ser encontrados no nosso Eu superior ou superconsciente. Entre esses dois pólos encontra-se o "eu" que tem consciência de si mesmo, a nossa consciência comum do estado desperto, a parte do meu ser que é mais visível aos outros, arrastada para baixo pelo subconsciente e elevada pelo superconsciente.

Onde você projeta a sua atenção

O que cria o seu ambiente é onde você projeta a sua atenção. É daí que se originam seus pensamentos e sentimentos. Isto, caro leitor, é a sua vida! Você recebe aquilo que você vê. A percepção que você tem da realidade, por meio do condicionamento dos seus pensamentos e sentimentos, cria a realidade que você recebe, e quanto mais você usa determinados pensamentos, mais criativos eles se tornam. Aquilo em que você se concentra aumenta de proporção; e você passa a estar onde você projeta a sua atenção.

Tomando um simples exemplo, você se lembra de quando ficou apaixonado por aquele XR2 vermelho? Ele era o que você mais queria

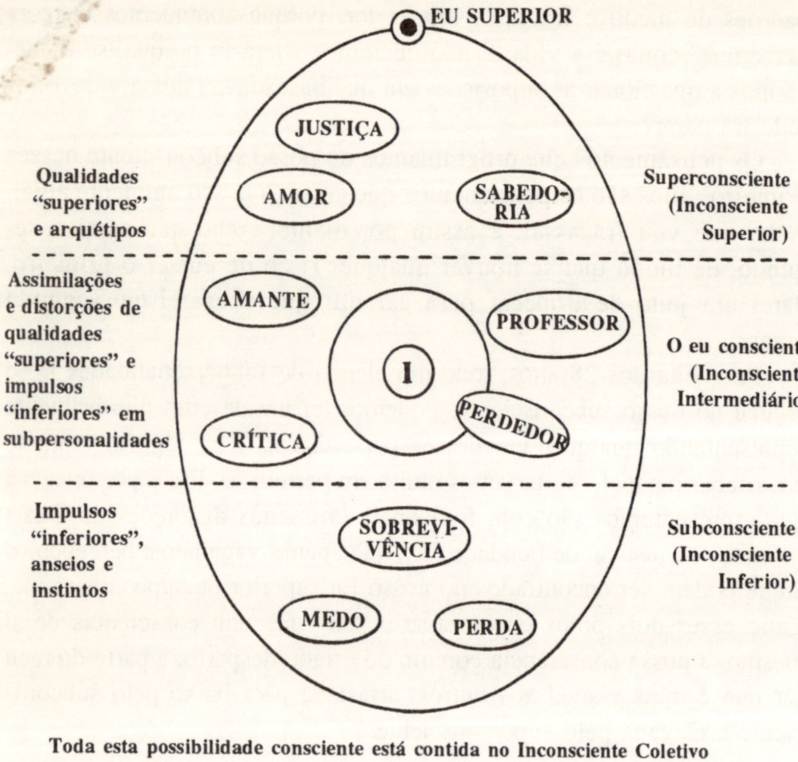

Uma adaptação do modelo do Eu de Assagioli

na vida — um carro realmente especial! A partir daquele momento, o mundo passou a ficar repleto de XR2, eles estavam em todos os lugares, todo mundo tinha um, o mercado estava saturado deles. Seu número era muito menor antes de você começar a reparar neles; agora, de repente, você não consegue percorrer 8 quilômetros sem ver um. Com efeito, tudo o que mudou foi o foco da sua atenção. O número de carros não aumentou, simplesmente você se concentrou naquele modelo, de modo que passou a vê-lo por toda a parte. E é assim que as coisas são na vida — nós estamos onde projetamos a nossa atenção.

A parte mais fácil de aceitar do que já foi dito até agora é provavelmente o conceito de que criamos e somos responsáveis pelas nossas atitudes diante do que acontece e pela maneira como percebemos os acontecimentos, do mesmo modo como duas pessoas quc contemplam um copo d'água: uma pode ver o copo cheio até a metade e a outra pode vê-lo vazio pela metade. Uma percebe algo relacionado com o ser pleno e abundante, e a outra algo relacionado com ser vazio e escasso.

O passo seguinte, também não muito difícil, é reconhecer que, se percebemos constantemente as coisas como estando cheias pela metade em vez dc vazias pela metade, com certeza veremos mais coisas que estão cheias pela metade e não estaremos tão conscientes das coisas que estão vazias pela metade. Avancemos mais um pouco. Em vez de escassez, veremos abundância na nossa vida e na situação à nossa volta. Avancemos ainda mais e você se encontrará numa situação que quase todo mundo consideraria terrível e você é capaz de perceber, pelo menos, que ela contém aspectos positivos. Em vez de ser destruído pela redundância, que é como as pessoas esperam que sejam as pessoas que se encontram nessa situação, você é capaz de enxergar as possibilidades positivas — o espaço para recuar e examinar o que realmente quer fazer, a oportunidade para fazer uma pausa e dedicar mais tempo a coisas que foram deixadas de lado. Em vez de se sentir ferido e traído com a partida de um parceiro de muitos anos, você pode assumir a atitude de que você foi perfeito nesse relacionamento, que ele foi bom para você, que você aprendeu muitas lições úteis com ele e que estava na hora de ir em frente em busca de outros contextos e lições.

Os riscos da meditação negativa

O passo final é o reconhecimento de que o fato de você ter essa atitude sempre positiva e de permanentemente reconstruir os eventos e as situações da sua vida dentro de uma perspectiva positiva cria efetivamente um maior número de eventos positivos do que negativos. Se você encarar o processo dessa maneira, perceberá que é preciso apenas dar um pequeno passo a partir da postura de aceitar a responsabilidade pela sua atitude para a de reconhecer que você cria a sua própria realidade. Muitas vezes é mais fácil para as pessoas reconhecerem a validade deste processo refletindo a respeito de como os pensamentos negativos invariavelmente geram mais negatividade. Você só precisa pensar que alguma coisa vai dar errado para que isso aconteça. Você continua a ver de que modo ela está dando errado, em vez de como ela está dando certo, de modo que continua a reforçar e apoiar o que está dando errado e a enfraquecer o que está dando certo. O resultado é que, no mínimo, tudo o que você vê são coisas que dão errado, o que aviva seus pensamentos negativos e o encoraja a ver ainda mais negatividade. Seus pensamentos cada vez mais negativos criam um ambiente cada vez mais negativo, o que atrai ainda mais negatividade. É muito fácil dizer "NÃO" a alguém que já disse "NÃO" para si mesmo e escreveu NÃO em tudo o que o rodeia. É muito difícil dizer "NÃO" a alguém que tem um SIM inscrito no seu ser e que disse "SIM" para si mesmo. É desse modo que você atrai para si aquilo que você pensa. Gosto do pensamento de Paul Solomon. A "preocupação", diz ele, "é meditação negativa". Ela coloca a mente num caminho negativo e esse caminho conduz a outras coisas sobre o que se preocupar, a mais negatividade e à criação de um ambiente cada vez mais negativo.

Como chegar à vida através da morte

Se a meditação negativa e os pensamentos negativos têm o efeito de criar um ambiente negativo, poderíamos admitir que existe pelo menos uma ínfima possibilidade de que o pensamento positivo e a meditação positiva criem um ambiente positivo? Peter Caddy, co-fundador da The Findhorn Foundation, diz que temos guerras porque estamos sempre preparados para a guerra; uma vez que estejamos em paz com nós mesmos e nos preparemos para a paz, haverá paz. Não tenho nenhuma dúvida de que o crescente número de pessoas que estão meditando, angariando fundos e agindo em prol da paz vêm exercendo o seu impacto. O Muro de Berlim e outros acontecimentos na Europa Oriental oferecem um testemunho desse fato, e até mesmo a crise do Golfo Pérsico exerceu um extraordinário impacto em favor da paz. Quatro marinhas diferentes se reuniram no Golfo e as Nações Unidas alcançaram a maior unanimidade desde a sua fundação. Estamos chegando a um ponto em que cada país detém uma pequena força militar a ser usada em cooperação com outras nações para equilibrar qualquer recuo em direção à hostilidade, em vez de para a defesa própria ou para a intimidação de outro país.

É lamentável que aqueles que estão em guerra consigo mesmos ainda levem adiante seu conflito interior. Bush comemora um triunfo sobre o Iraque e, inacreditavelmente, sobre a Guerra Fria também, enquanto Brandt, e até certo ponto, Heath, compartilham sua paz interior. Os horrores com que nos afligimos, como as intermináveis guerras e a destruição das florestas tropicais, são necessários porque o pêndulo precisa balançar totalmente para um lado para despertar a consciência de massa, gerar a exigência de uma mudança em grande escala e trazer o pêndulo para o outro lado. O mesmo se aplica à fome coletiva, às enchentes e a outros desastres naturais. Com freqüência é preciso que ocorra um grande desastre no planeta para que sejamos levados a fazer alguma coisa a respeito, mudar a nossa consciência, o nosso sistema de crenças, os nossos pensamentos e a realidade que eles estão criando.

Se quiser, você também pode fazer o mesmo com a sua vida. Vá em frente até que as coisas fiquem de fato confusas, e então — somente então — comece a agir para reverter o processo. Ou então você pode tentar perceber melhor os indícios de que seus pensamentos não lhe estão sendo úteis e fazer as mudanças mais cedo. O importante é perceber que, a qualquer momento que você chegar à conclusão de que não gosta da impressão final, sempre poderá mudar o programa.

Nós criamos a nossa realidade, seja ela abundante ou não, apenas no sentido de que temos o controle sobre a direção em que estamos conduzindo a nossa *consciência* no momento. A maneira como percebemos uma situação decide para nós a natureza dessa situação. Isso poderá coincidir com as percepções de outras pessoas, o que reforçará tanto a percepção delas quanto a nossa. Esta se torna, se já não o é, a norma cultural. Quando a minha percepção difere da norma, os outros podem considerá-la anormal, desarmônica ou ridícula. E são apenas essas novas percepções que contêm a possibilidade da mudança.

A minha nova percepção provavelmente envolve a decisão de reformular uma situação — vê-la de uma outra maneira —, optar por reavaliar um antigo sistema de crenças e transformá-lo, colocando em ação um novo ciclo de experiência. Ao tomar essa atitude, começo a exercer um impacto sobre as outras pessoas e a mudar não apenas a percepção delas, como também, paulatinamente, a percepção coletiva e, por conseguinte, também a norma cultural.

Tudo começa comigo, com você, ou com uma terceira pessoa. Começa quando alguém assume a responsabilidade e corre o risco de ser diferente.

A consciência coletiva da humanidade não acredita atualmente na abundância. Ela investe na escassez e só percebe a falta. E fica permanentemente surpresa ao constatar que esta é a realidade: nunca há o suficiente e as coisas estão cada vez piores. Se você acredita na escassez, é isso que você vai criar. Se acredita que pode enfrentar a escassez e acumular para si uma prosperidade simbólica, estará criando um mundo dividido e antagônico, um mundo formado "pelos que têm e pelos que não têm", no qual 20% das pessoas controlam 80% dos recursos.

Se você confiar e acreditar na abundância, colocará em ação um processo através do qual suas necessidades serão satisfeitas na medida em que o seu trabalho e a sua vida o exigirem. Isso, por sua vez, permeia o mundo e as pessoas à sua volta. Sejam quais forem as suas convicções, há um aprendizado que condiz com elas. As pessoas fazem todo o possível para reforçar suas convicções a respeito da escassez: elas se exercitam bastante e tornam-se especialistas nisso. A abundância também tem um programa de treinamento, e ele é *bem mais* divertido!

O diagrama apresentado a seguir mostra como se processa a transformação das antigas crenças — que o impedem de avançar — em novas crenças — que o fortalecem.

Sua experiência atual é criada a partir de antigas crenças que, por sua vez, geram suas atuais percepções de como o mundo é para você. E sua experiência atual reforça as antigas crenças, a não ser que você opte por reformulá-las e vê-las sob uma nova luz.

Uma vez que começar a questionar as suas suposições e proporcionar uma nova estrutura de referência à sua experiência, você poderá começar a reavaliar as suas antigas crenças e optar por substituí-as por novas crenças.

As novas crenças proporcionam a você uma nova percepção do mundo, e a experiência que tem deste mundo se altera. Você criou uma nova realidade.

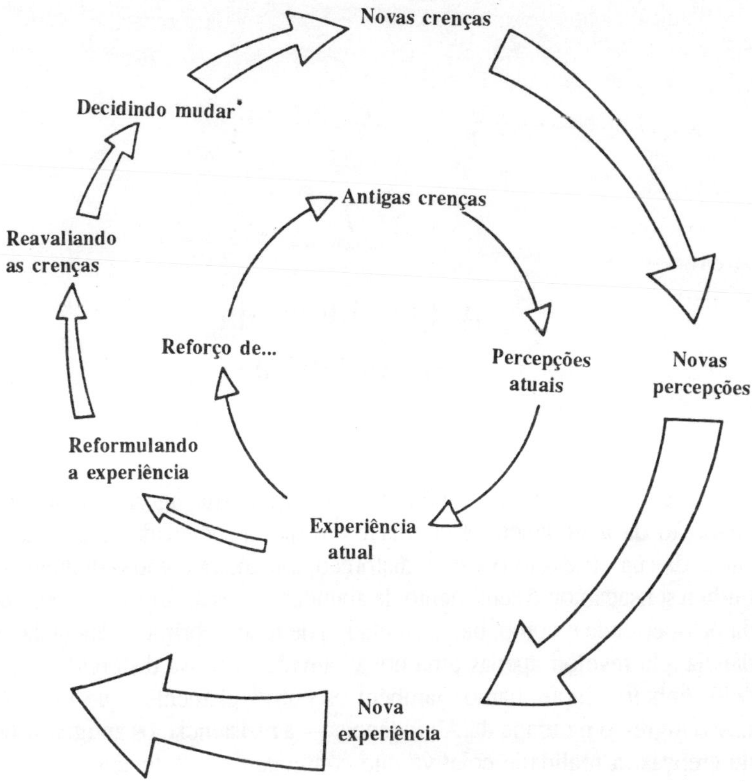

Nós criamos a nossa realidade apenas no sentido de que controlamos a direção da nossa consciência.

7

A Qualidade da Abundância

Chegou o momento de mudarmos de rumo. Até agora examinamos a distorção da abundância, a confusão em que a sociedade se encontra por causa da sua obsessão por essa distorção, a maneira como o dinheiro substituiu a sensação ou o sentimento de abundância, os absurdos da consciência da prosperidade e como, na sua tentativa de redescobrir a essência da abundância, ela revelou apenas uma nova camada da nossa distorcida obsessão pelo dinheiro. Examinamos também os outros elementos que impedem o nosso ingresso na Idade da Abundância — a resistência, os antigos sistemas de crenças, a realidade coletiva que continuamos a defender.

Não é essencial experimentar tudo isso e, como membro de uma sociedade que exerce uma considerável pressão sobre a adaptação, não é improvável que você tenha tido pelo menos alguma experiência da não-abundância. Seja qual for a sua experiência, terá passado por lições, percepções, momentos em que se viu determinado a não aceitar mais o que estava acontecendo. De um modo ou de outro, você criou a mudança na sua realidade. Esse é um avanço altamente significativo, um importante estágio no processo de tornar-se você mesmo.

ACEITANDO A ABUNDÂNCIA

À medida que você avança através do processo de criar uma nova realidade para si mesmo, essa nova realidade lhe revela que "criar" não é exatamente a palavra certa. O mais verdadeiro é você se ver *manifestando* algo que sempre esteve presente: você não pode "criar" uma coisa que já existe! Esse processo está mais relacionado com o abandono de uma pseudo-realidade do que com criar algo novo.

Até mesmo "manifestação" pode ser uma palavra excessivamente forte. Ela sugere uma atividade, ao passo que o processo no qual estamos envolvidos é, na verdade, mais uma *aceitação*. Estaremos "consentindo" que a qualidade da abundância venha à tona: e a "atividade" gira basicamente em torno da superação da nossa resistência em diversos níveis.

Em vez de encarar a criatividade como um processo no qual meramente atraímos as coisas (como na consciência da prosperidade), podemos vê-la como a manifestação de um novo padrão de realidade e ingressar num estado no qual simplesmente *somos* abundantes. Quer você chame esse processo de criação, manifestação ou crescimento, é isso o que está acontecendo. Você está liberando a energia potencial de abundância que existe dentro de você e descobrindo uma nova maneira de *ser*.

SETE NÍVEIS DE QUALIDADE

A qualidade da abundância tem sete componentes. Cada um representa um tipo diferente de energia, uma maneira diferente de expressar o seu ser. Essas energias se valem, em graus diversos, das três características básicas dos seres humanos. Pensamos, sentimos e agimos. Alguns agem à custa de sentir. Outros integram bem os pensamentos e sentimentos, mas nunca fazem nada com as percepções intuitivas. E outros, ainda, alcançam um equilíbrio mais perfeito entre as três características.

Essa busca de perfeição está no âmago do movimento da nova consciência. Quando as pessoas falam a respeito de um empreendimento holístico, elas estão querendo dizer que a abordagem leva em conta *todos* os aspectos da energia humana, bem como seu inter-relacionamento com todas as outras coisas.

Ingressar na abundância envolve fundamentalmente tornar-se completo, porque essas duas expressões são maneiras de definir o "ser". O processo de ingressar na abundância pode começar em qualquer lugar. Onde você está agora é um bom lugar para começar. Dentre os níveis acima descritos, o que mais o atrai é o nível em que você está trabalhando e concentrando a sua atenção. É aí que você pode iniciar a jornada rumo à abundância. Aos poucos, você pode assimilar todos os outros níveis e descobrir que voltou à sua origem.

Tendo se familiarizado com cada um dos sete níveis, perceberá que eles formam uma seqüência natural através da qual você trabalha para manifestar a abundância em todos os aspectos da sua vida. Vamos examiná-los agora em seqüência.

1. Alinhamento e visão

Quanto mais eu identifico o meu verdadeiro Eu, alinhado com a Divindade, avalio meu Eu sem complacência e me vejo em unicidade com o todo, mais minhas necessidades são satisfeitas. Tudo o mais é um passo no caminho que leva a esse estado alterado de existência que está em harmonia com a lei natural.

É importante distinguir esse verdadeiro Eu interior, algo que percorre o eu físico, emocional e cognitivo, que nada mais é do que um veículo para esse algo, do Eu exterior, que é uma projeção desse veículo. Precisamos nos libertar das exigências do Eu exterior e nos erguer acima delas a fim de alcançar o lugar interior onde existe algo profundamente importante.

O Eu exterior vive na esfera do Ego, da personalidade, e está sujeito ao condicionamento social e cultural que reforça os sistemas de crenças que nos impedem de nos sentirmos abundantes. O Eu interior vive num local de paz e usa a esfera exterior como um teste e um desafio. O Eu interior é a nossa ligação com algo diferente, uma força cósmica que é venerada em todas as religiões como Divindade, mas que é anterior e maior do que as limitações que lhe são impostas pelas definições religiosas.

Procuramos entender o que é essencialmente incompreensível atribuindo-lhe nomes, mas fazê-lo descer ao nosso nível de compreensão só nos permite compreendê-lo nesse nível. As nossas frágeis definições tornam-se ainda uma outra barreira para o entendimento. A lei natural, a metafísica, o "além da física", o além da linguagem e qualquer conceito institucionalizado permanece um vasto mistério.

Existe o perigo de que, se aplicarmos a mente consciente, lógica e analítica ao nosso aspecto divino e menos consciente, nós o faremos desaparecer (como fazemos quando dirigimos a energia de um microscópio para uma partícula subatômica). Não devemos esperar que a lógica seja capaz de explicar a lei natural. Só podemos alcançá-la se nos erguermos acima da mera lógica. O mais próximo que chegamos disso foi através da meditação. Eu a chamaria de meditação transcendental se até isso não tivesse sido institucionalizado. Nenhuma instituição, religião ou pessoa é dona dessa ligação com a lei natural. E cada um de nós pode estabelecer a ligação quando pararmos de procurar fora de nós mesmos e abandonarmos as distrações mais relacionadas com o poder do Ego exterior do que com o do Eu interior. (Este parágrafo foi escrito dois meses antes da inauguração do partido da Lei Natural no Reino Unido.)

Quando avalio o meu Eu exterior, corro o risco de ser vaidoso. Quando avalio o meu Eu interior não corro perigo algum, e o meu Eu exterior recebe o seu valor do único lugar possível, o interior. Uma das manifestações dessa avaliação interior surgindo no exterior é que todas as minhas necessidades (exteriores) são satisfeitas. A avaliação interior cria em mim um canal cristalino através do qual pode fluir a energia cósmica e divina de tudo o que existe.

É difícil compreender esta linguagem porque a linguagem é o veículo errado para ser usado na interação com a lei natural. O alinhamento envolve basicamente o ser. O Eu exterior sente dificuldade com relação a isso, porque o Eu exterior e seus companheiros de viagem, o Ego, a Personalidade e o Poder exterior, sob todas as formas, só compreendem o fazer e o ter. A maneira como integramos os dois mundos, o do ser e o do fazer, na Idade da Abundância, é o tema do Capítulo 8. No momento basta saber com clareza que precisamos nos alinhar com o Eu divino e procurar entrar em contato com a visão.

A visão precisa ser diferenciada de alvos, metas, resultados e até mesmo de objetivos. Estes têm o seu lugar, mas somente quando a visão é clara. Esta última descreve a razão que está por trás do objetivo. A visão é o motivo pelo qual estamos aqui, a razão pela qual o nosso Eu interior assumiu esta forma exterior, a contribuição que viemos trazer aqui, a lição que viemos aprender. Grande parte da humanidade é profundamente cética com relação a isso. Este é o seu problema. Não existe nada que prove que a dúvida é mais real do que aquilo de que duvidamos. Temos uma escolha. Podemos duvidar que a vida contenha algo mais do que o engrandecimento pessoal ou podemos acreditar que existe um propósito mais profundo e ver o mundo exterior dentro desse contexto.

O ceticismo provocou uma enorme confusão no mundo exterior e precisa agora ser considerado altamente suspeito. Esta afirmação, segundo as leis da lógica do mundo exterior, tem de pesar a favor de sermos céticos a respeito do ceticismo e olhar em outra direção. A abundância se apresenta então como candidata! Oscar Wilde disse que o cínico é alguém que conhece o preço de tudo e o valor de nada. A visão baseia-se em valores. Sem dúvida, o ceticismo e tudo o que degrada e enfraquece o Eu interior que nos liga à lei divina e natural já tiveram seus dias de glória.

A abundância começa quando nos alinhamos com a visão.

2. *Harmonização e intuição*

A harmonização começa no ato de alinhamento com a visão e o divino. O primeiro passo é entrar em harmonia com o centro do seu ser. Você reconhece a sua unicidade com Deus e a sua interligação com toda a vida. Este é um processo meditativo. Dedique algum tempo e escolha um lugar para relaxar e libertar-se dos seus pensamentos, sentimentos e apegos, e vá até o centro do seu ser, a parte de você que sabe tudo, que conhece seu lugar adequado e sabe com clareza do que você precisa. Expanda a partir daí a sua consciência, para que ela assimile todas as necessidades da sua vida. Amplie esta expansão para que ela abranja todo o universo e certifique-se de que modo as suas necessidades podem ser acomodadas dentro das necessidades do cosmo. Assim, você se torna parte de um esforço de colaboração e cooperação, em vez de competir por recursos limitados. Se não estiver em harmonia, todos os seus esforços para manifestar recursos não serão mais do que um esforço; você estará forçando o ritmo, direcionando o rio, mas uma vez que esteja em sintonia, sentindo-se bem a respeito de si mesmo, sem ser complacente, sentindo que tem valor e que merece ser recompensado — em vez de ter uma baixa auto-estima —, vendo o mundo sob uma luz positiva, estará no caminho certo para avançar uma ou duas etapas.

Até agora este livro o orientou para que chegasse a um lugar harmonioso a partir do qual tudo o mais pudesse fluir simples e suavemente. Isso representa 80% do trabalho, e como parece significar uma enorme mudança, um esforço que requer muito tempo, quase todas as pessoas preferem se dedicar a alguma coisa, a fazer algo. É uma situação bem parecida com a da tartaruga e da lebre. Esta última arranca em grande velocidade, extremamente ativa, enquanto a tartaruga se desloca muito mais lenta e regularmente; a lebre desvia do rumo antes do final da corrida, enquanto a tartaruga continua resoluta a avançar. As tartarugas costumam ser muito criticadas, e é tentador e fascinante ser uma lebre. É tudo uma questão de optar por uma velocidade e um resultado a curto prazo, ou por um começo longo e lento e um resultado duradouro.

Todos os problemas que enfrentamos na vida têm origem na falta de ligação com o eu; isso precisa ser constantemente reafirmado a cada novo desafio. Você muda a realidade dos seus relacionamentos através do mesmo processo, começando com a escolha de uma realidade positiva para si mesmo; caso contrário, os relacionamentos podem muitas vezes se tornar simplesmente uma maneira de evitar assumir a responsabilidade por si mesmo. Se você não está seguro quanto à sua visão, verifique-a nesse espaço de abertura, confiança e paz que existe no seu centro. Isso lhe assegurará de que sua intenção é completa e não apenas a expressão da sua personalidade egoísta — o Ego, a ordem mental inferior, os anseios da sua natureza animal. Se você não tiver certeza de que sua visão está correta, ou se a mensagem que estiver recebendo for proveniente da voz ainda diminuta dentro de você... pode ter certeza de que ela ainda não é adequada. Também receberá boas indicações daquilo que o Universo lhe dá... ou recusa!

A voz ainda diminuta

Distinguir entre a voz da intuição, a voz interior ainda diminuta, e as ruidosas exigências do Ego e da personalidade é apenas uma questão de prática. No início, você tenderá a confundir ocasionalmente as duas, mas não deixe que isso sirva de desculpa para deixar de agir de acordo com a sua intuição. Quando sentir um impulso interior, siga-o de imediato. O Universo será o seu provedor, desde que você esteja no lugar certo, seguindo a direção certa. Aos poucos, você aprenderá a distinguir o que lhe é adequado e você não apenas o fará como também o será.

"Voltar-se para dentro de si" é sempre a resposta para encontrar a sua visão, para verificar se está no espaço certo, para obter a explicação do porquê a visão parece bloqueada, para identificar os próximos passos, para enfrentar suas dificuldades e desapontamentos e reunir outras pessoas ao seu redor. Essa foi a essência da mensagem de Krishnamurti e, ainda assim, muitos dos que o seguiram mais ardentemente nunca compreenderam de fato a sua mensagem. Eles procuravam um deus, um guru, um mestre fora de si mesmos, quando o tempo todo carregavam consigo essas coisas.

Estamos sendo solicitados a experimentar dentro de nós o nascimento da energia de Cristo, e isso não precisa acontecer por meio de projetos grandiosos e de um ambiente suntuoso e exótico. Como o nascimento original, o atual pode acontecer na mais humilde e mundana das circunstâncias. Os carvalhos nascem a partir de bolotas. Sua tarefa na esfera particular é sustentar a visão, dar-lhe forma e manifestá-la. Uma vez que esteja seguro a respeito da visão é possível dar o passo seguinte, reunindo um consenso para a visão, que é uma das melhores definições que conheço para a atividade do trabalho de uma vida. O compromisso com a sua visão envolve permanecer com ela sem avançar rumo a outra coisa antes de completar este estágio.

De que modo a meditação é útil

Não precisamos nos tornar monges; precisamos, isso sim, aprender a entrar em contato com o nosso Eu interior. A meditação e a afirmação são as principais técnicas para conseguir esse objetivo, para percorrermos o processo de mudar a realidade do eu, do ambiente e dos relacionamentos. O trabalho envolve então seguir a orientação recebida, ficar atento a quando você permite que padrões do passado se insinuem de novo na sua consciência, e também a quando você faz a coisa certa e se sente mais forte.

Meditar requer simplesmente a imobilidade, você deve entrar dentro de si e ouvir. Seu Eu superior, sua alma, tem as respostas, sabe o que está acontecendo e tem um propósito claro. Acima de tudo, esta parte de você ama todas as suas outras partes, bem como tudo o que existe, pois esta parte de você está unida a tudo o que existe e a tudo ama. Estabeleça um diálogo com seu Eu superior. Visualize o seu eu ideal e veja quais os próximos passos a serem dados para que a sua vida se aproxime mais do que você quer que ela seja. No decorrer da vida, é extremamente comum nos afastarmos do nosso curso original, sejamos arrastados para águas paradas e becos escuros, investindo tempo e energia em prioridades secundárias. Recorrer de novo ao eu ideal e à visão que ele tem para nós restabelece a nossa ligação com o lugar no qual deveríamos estar e libera os problemas que estamos experimentando, dando razão às distrações nas quais nos permitimos escorregar. Procure respostas para os problemas. Reveja o seu progresso e as suas prioridades. Obtenha uma perspectiva mais ampla, mais profunda e mais vasta. Dedique-se a servir. Invoque o espírito da cura para estar presente sempre que houver dor. E agradeça.

Tudo isso pode exigir tempo. Dê um passo de cada vez e procure lidar com o que se apresenta a cada momento. Se estiver em dúvida, peça esclarecimentos. Em que preciso me concentrar? De que outra maneira preciso avaliar esta situação? Qual a lição que ela encerra? Como posso aliviar a dor? Qual o meu próximo passo? O caminho que você está começando a seguir é a jornada de toda uma vida. Ela merece 10 minutos do seu tempo todos os dias.

3. Intenção e padrão

Ao atingir esse estado calmo de meditação, concentre-se no que você quer manifestar e naquilo a que quer dar forma. Dê-lhe um nome.

Esclarecer suas intenções é o terceiro componente da qualidade da abundância. Antes de mais nada, você precisa ter consciência de cinco coisas.

- Seja claro a respeito do que é necessário, de quem é a pessoa que tem essa necessidade, e de como você e esta última se encaixam no ambiente no qual você opera.
- Seja específico a respeito do que está acontecendo e obtenha na sua imaginação uma imagem nítida da sua situação atual, bem

como da sua situação depois de ter manifestado essa coisa ou situação particular.

- Seja veemente e não desanimado ou mais ou menos sincero.
- Seja positivo, sem permitir que isso se torne a espécie de bajulação exaltada que nega o eu e reprime o que seu subconsciente está tentando lhe dizer.
- Seja você mesmo e seja claro a respeito de quem é do que é. Certifique-se de que o que *você* está pedindo é realmente o que quer e não apenas o que o seu condicionamento social ou a sua ansiedade de pertencer ao grupo requer.

Tudo isso exige que você volte constantemente à visão para esclarecer *por que* você quer o que afirma pretender.

Esse dinheiro, esse objeto ou seja lá o que for é realmente necessário ao seu verdadeiro Eu interior, ou ele se destina apenas a gratificar as necessidades da personalidade do seu Ego? A manifestação pode continuar a atuar até para satisfazer necessidades do Ego se você ainda tiver lições a aprender a respeito da irrelevância e da superficialidade dessas necessidades. Observe simplesmente o padrão criado por essa manifestação. O Ego se apega à idéia de um carro veloz e caro; o seu Eu interior chega à conclusão de que você precisa aprender algumas lições, para poder chegar a ter esse carro veloz e caro. Esse fato traz consigo todos os tipos de preocupações, ansiedades e perigos na sua vida. Será que ele vai ser roubado? Será que pessoas com uma auto-estima ainda mais baixa que a minha vão arranhá-lo? Será que a polícia sempre ficará de olho em você, esperando que exceda o limite de velocidade?

Independentemente do que você procure manifestar, é fundamental que você volte à essência do que é desejado. Qual é o padrão? O que, por exemplo, um carro ou uma mansão significam na sua vida? Quais são os prós e os contras? O que está realmente procurando e será que existem maneiras melhores de fazê-lo para alcançar de uma forma mais avançada a essência, com um menor número de efeitos colaterais desagradáveis? Tudo isso é uma expansão da premissa fundamental da manifestação, que é *ser*. Assim, você está examinando o seu ser e as suas necessidades, o padrão da sua vida e de que modo a manifestação de algo novo nele mudará seu ser e seu padrão, o que ele fará por você.

Como Merlin repete nos momentos mais dramáticos de *As Brumas de Avalon*: "Tenha cuidado com o que você pede enquanto ora, porque certamente o obterá." É possível que você esteja querendo realizar a posse de um carro veloz e caro, e veja entrar em sua vida uma porção de pessoas fúteis que se deixam impressionar com essas coisas.

A intenção clara dá forma à visão abstrata e à qualidade menos sólida da intuição harmoniosa. Esse é o mundo da estrutura, da organização, do planejamento e de uma visão geral de como as coisas acontecem. Este é um mundo mais familiar, um estado ao qual muitas vezes ficamos presos. Se ansiarmos por segurança, ou se não existir nenhuma visão mas apenas o Ego por trás do plano, ele pode se transformar numa camisa-de-força.

Uma vez que essa qualidade de intenção clara passe a ser serva da visão, ela se tornará uma ferramenta simples e poderosa. A intenção clara, combinada com a percepção dos padrões e da tapeçaria da vida, nos põe no comando da nossa vida.

4. Compromisso e energia

A energia segue a forma. Logo que a visão toma forma, a energia pode fluir através dela. E depois que existe a forma, existe algo com o que podemos nos comprometer.

A energia correta é uma combinação de compromisso e desapego. Sua intenção é absolutamente clara e específica, você está ardorosa e intensamente envolvido com ela *e*, ao mesmo tempo, não está apegado a ela de uma forma obsessiva. Há um desapego que reconhece a graça de Deus; ele está em sintonia com os elementos da vida que não podem ser definidos e que atuam independentes da vontade humana. A energia correta definitivamente não se iguala à que você usa quando se esforça dando tudo de si. Ela está em sintonia e mantém um relacionamento perfeito com as forças cósmicas.

Uma experiência simples prova o que estou dizendo. Está relacionada com os efeitos da prece sobre o crescimento dos feijões! Um pé de feijão recebeu os cuidados corretos para seu crescimento, mas nenhuma oração, e atingiu determinada altura. Orar visando obter um resultado específico exerceu certo efeito. O pé de feijão ficou mais alto. Entretanto, uma prece "não direcionada" pedindo que "o bem maior fosse alcançado", que "fosse feita a Tua Vontade" *exerceu um efeito três a quatro vezes maior* do que o da oração direcionada. O pé de feijão ficou três ou quatro vezes mais alto do que aquele que havia recebido a prece direta. Não há aqui nenhum conflito com o princípio da intenção correta e absoluta clareza. Em ambos os casos, foi necessária a clareza com relação aos resultados pretendidos; a diferença repousou no grau de confiança manifestado. Energia correta significa dedicar-se a um curso de ação específico seguido de uma sintonização adequada e de uma libertação, desligando-se e "deixando Deus agir".

O rompimento de compromissos

Se você começar a se desviar do seu caminho, a romper os seus compromissos, a duvidar de que o que está acontecendo esta semana é realmente o melhor para você, com certeza o seu plano não está dando certo e a visão precisa ser revista, reenergizada e reafirmada.

Em qualquer momento dado, temos vários *tipos* diferentes de compromissos e também os mais diversos sentimentos a respeito deles e de como rompê-los. Existe uma hierarquia de compromissos. Embora a violação de um compromisso sempre seja um sinal de impropriedade e de "falta de compromisso", ela com freqüência pode ser um indício de que os nossos *verdadeiros* compromissos estão recebendo a prioridade que merecem.

Mas, antes que você chegue à conclusão de que pode dizer uma coisa a todo mundo que você conhece e depois fazer exatamente o oposto, deixando atrás de si um rastro de desapontamento, confusão e frustração, quero esclarecer esse comentário! Na minha opinião, o que torna aceitável o rompimento de um compromisso é o fato de sua energia ter sido transferida para um nível mais elevado e inspirador. Se surgir algo que irá fazer com que você dê um passo mais significativo rumo à realização da sua visão interior, qual é então o seu compromisso? Cumprir o seu compromisso anterior e negar a sua visão interior? Ou seguir o seu sonho e pesarosamente abandonar o compromisso prévio? Não deve haver nenhuma dúvida, não é verdade?

Algumas pessoas evitam esta situação não assumindo compromissos, para nunca precisarem romper nenhum. Não é uma resposta adequada, pois a falta de compromisso também recolhe energia. Enquanto a pessoa não está comprometida, há sempre hesitação e ineficácia, mas no momento em que ela se compromete definitivamente, a Providência também entra em ação. Sem o compromisso, nada acontece. Ele é necessário para que a sorte entre na sua vida. Não afaste a sorte sendo excessivamente específico quanto aos resultados.

Tudo o que foi descrito dá origem a algumas indagações úteis. Pergunte a si mesmo o seguinte:

- Você se compromete suficientemente a agir?
- De um modo geral, você costuma cumprir seus compromissos? Ou muitas vezes os cancela, e deixa de cumprir suas promessas?
- O que o faz deixar de cumprir um compromisso, e o que isso diz sobre você, seu planejamento, suas chances de realizar sua visão?
- Quando deixa de cumprir um compromisso, que tipo de pensamento ou sentimento você tem a respeito das outras pessoas envolvidas? Você se considera um canalha, ou chega ao extremo oposto de desprezar totalmente os sentimentos alheios? O que *esta atitude* diz a seu respeito?
- Assume grandes ou pequenos compromissos?
- Você se compromete com sua visão, obrigações ou prioridades de baixo nível?
- Costuma tomar decisões e assumir compromissos rapidamente e alterá-los lentamente — ou vice-versa?

Tudo bem. Então sua visão é clara e você se compromete totalmente com ela. Toma decisões depressa e as altera (ou rompe seus compromissos) somente depois de pensar cuidadosamente a respeito do assunto.

O conflito entre a preocupação e o compromisso

Precisamos abordar a seguir a questão da preocupação, que está inextricavelmente interligada com o compromisso. Em geral, nos comprometemos com aquilo pelo que nos interessamos. Mesmo assim pode haver um conflito.

Quando rompemos um compromisso, estamos demonstrando que nos importamos mais com uma coisa do que com outra. Temos a responsabilidade de demonstrar preocupação com aqueles que podem ser afetados pela nossa violação do compromisso — a obrigação de não deixá-los em apuros ou de não enfraquecer a energia de um grupo com o nosso afastamento. É por esse motivo que *qualquer* violação de um compromisso deve sempre ser seriamente questionada. Não nos limitamos apenas a optar entre isto e aquilo. As nossas opções geralmente afetam outras pessoas, e quando isso acontece, o efeito sobre elas é de tal modo prioritário que só deveríamos romper compromissos se os outros apoiassem totalmente essa decisão, sentindo-se fortalecidos com a nossa atitude.

Por conseguinte, só devemos romper os compromissos onde exista uma preocupação mútua entre as pessoas envolvidas, e onde estas, se forem razoáveis, nos dêem apoio. Comunicamos nossa intenção com antecedência; reservamos tempo e espaço para discussões, confrontações e explicações; demonstramos que pesamos os prós e os contras e levamos todos os fatores em consideração. Se os outros não puderem nos apoiar ou ficarem ressentidos com o nosso afastamento, devemos questionar o nosso nível de comprometimento não apenas com relação aos outros, mas também a nós mesmos. Deixar de nos preocupar com os nossos semelhantes é uma maneira de não nos importarmos com nós mesmos, porque os outros são um reflexo parcial ou total de nós mesmos.

Nosso desejo de romper um compromisso pode indicar que algo também não está certo para os outros envolvidos. Levantar o problema dentro do grupo pode resultar numa solução melhor para todos — mas simplesmente nos esquivarmos nega essa possibilidade.

O elemento de preocupação mútua também influencia o compromisso de outra maneira muito importante. Com efeito, é aqui que surgem algumas das principais dificuldades relacionadas com o compromisso. Além dos compromissos que assumimos com as nossas visões pessoais, existem os compromissos que assumimos com as pessoas que são importantes para nós — parceiros, pais, filhos, amigos, colegas de trabalho, grupos de que participamos temporariamente ou de uma forma mais permanente. E a visão pessoal com freqüência pode nos puxar numa direção, enquanto as outras pessoas que fazem parte da nossa vida nos puxam para outra. Como conciliar esse possível conflito?

Mais uma vez, eis algumas importantes questões que devem ser respondidas:

- Quem são as pessoas importantes a ponto de o bem-estar delas e/ou meu envolvimento com elas serem, sob todos os pontos de vista, parte da minha visão? Quais as situações em que as necessidades delas prevalecem sobre as minhas? (Ou as minhas sobre as delas?)
- As necessidades de algumas pessoas costumam prevalecer com freqüência sobre as minhas?
- É o compromisso delas com relação a si mesmas que me coloca na posição de romper meu compromisso com relação a mim mesmo, com a minha visão ou com os outros? Ou é a falta de compromisso delas com relação a si mesmas que me distrai?
- Como me sinto a respeito disso? Caso me sinta ressentido, o que preciso fazer?
- Qual a minha responsabilidade para com os outros quando as desaponto?

Relacionamento feliz ou muro de lamentações?

Em muitas das situações em que as pessoas lhe pedirem para deixar de honrar seus compromissos (consigo mesmo, com sua visão, seu plano ou com seus semelhantes), você terá pouca dificuldade em decidir o que fazer.

Seu filho contrai pneumonia — você larga tudo para ficar com ele. Mas se é a quinta vez que ele tem febre este mês, e se as febres se manifestam com a mesma monótona regularidade das aulas de religião no colégio, a história é bem diferente.

Se, uma vez na vida e outra na morte, seu parceiro pede sua total e imediata atenção para uma discussão importante e o pedido coincide com uma importante reunião que você tem programada, adie a reunião. Mas se esse tipo de exigência for uma constante, se o tema da conversa for sempre suas falhas em vez de os sentimentos dele e se as exigências sempre parecerem programadas para se chocar com seu desenvolvimento pessoal, é justo então que você indague (primeiro de si mesmo, e depois dele) se ele assumiu algum compromisso consigo mesmo e com o desenvolvimento individual dele, ou se está usando você como um muro de lamentações.

Você só precisa se sentir compromissado com aqueles que se comprometeram consigo mesmos e com você. A melhor maneira de ajudar e de se importar com uma pessoa que esteja tendo uma recaída ou assumindo um compromisso consigo mesma (e com você) é mostrar a ela o que você percebe estar acontecendo, e oferecer-lhe um apoio realista, que leve em conta seus outros compromissos.

Nas palavras de Carl Rogers: "O relacionamento é um compromisso com o nosso crescimento e com o do próximo." A contribuição fundamental que podemos dar aos nossos relacionamentos é nos comprometermos com o nosso crescimento pessoal. Se não estivermos nos desenvolvendo, não poderemos contribuir com nada. "Ser" inclui "crescer", uma vez que estamos crescendo na direção de um estado "intenso de ser". Isso não significa que tenhamos de contribuir com algo além de nós mesmos, mas apenas que a nossa contribuição se resume ao nosso eu que se desenvolve e evolui, e que, neste momento, é completo e perfeito. E isso requer o comprometimento. Só existe relacionamento quando há compromisso, interesse e crescimento, ou pelo menos a disposição de crescer, de ambas as partes.

A resposta não repousa em assumirmos compromissos menos freqüentes, menos importantes, mais tardios e de última hora. A resposta é assumir compromissos mais freqüentes, mais importantes, mais profundos e mais arriscados e cumpri-los à risca, a não ser que surja algo que represente um passo ainda maior, mais profundo e mais arriscado em direção ao crescimento.

Mesmo então, ainda temos um compromisso ou responsabilidade para cuidar e comunicar, de modo que o recolhimento da energia é atenuado. Até mesmo pequenas violações de compromisso representam um desvio com relação ao caminho do crescimento. Quando você não cumpre sua palavra, não está sendo você mesmo. Lapsos ocasionais são aceitáveis se, como resultado, você assume um compromisso ainda maior. Lapsos freqüentes, não importa o quão pequenos, ou deixar de assumir compromissos por não ter uma definição bem clara das outras coisas com que poderia precisar se comprometer, indicam uma área vital a ser examinada.

Na próxima vez em que se atrasar 5 minutos, esquecer um encontro, cancelar um compromisso na última hora ou ficar convenientemente doente, verifique se o motivo indica um comprometimento ou a falta dele. O nosso desenvolvimento se acelera à medida que passamos a ser mais sinceros com nós mesmos.

Sete níveis de energia

Num certo sentido, os sete componentes da qualidade da abundância são formas de energia. Sua energia precisa estar presente o tempo todo, de diferentes maneiras.

Há a energia divina com a qual você se alinha para descobrir a visão. Há a energia intuitiva que circula profundamente quando você entra em sintonia com seu ambiente e descobre seu lugar ideal. A energia que você coloca na sua intenção é inseparável da intenção em si. E a energia é um componente óbvio dos três níveis de abundância que ainda precisamos examinar.

A energia do comprometimento é o tipo de energia que se encaixa mais de perto na definição da palavra, na linguagem corriqueira. Energia significa colocar trabalho em alguma coisa, e tende a significar mais do que apenas o trabalho físico que o termo científico energia descrevia originalmente. Há um sentimento de determinação, de auto-afirmação e de paixão ao redor dela. É a energia do comprometimento.

A abundância requer que você mantenha esse nível elevado de energia durante todo o processo, revendo periodicamente sua sintonia com relação a si mesmo e à sua intenção, bem como reenergizando o processo. Elevar a sua energia pessoal e o seu senso de auto-estima, fazendo coisas que lhe transmitem uma sensação de realização e proporcionando a si mesmo tarefas sobre as lições e o *feedback* que está recebendo fazem parte desse processo. Poderá parecer que a manifestação está falhando simplesmente porque seus bancos de energia estão baixos.

Esse é o componente da abundância com o qual você reconhece e afirma que seu poder e seus recursos são ilimitados porque você recorre a um suprimento ilimitado. Como todos os componentes, ele pode ser invalidado, se os outros componentes forem desprezados. Deixar de reconhecer a nossa responsabilidade de sermos bons guardiães e de operarmos por meio de um relacionamento saudável com o planeta, e agir a partir da nossa ganância pessoal em vez da necessidade genuína, significa distorcer a energia, que passa a trabalhar contra nós.

5. *A concentração e a atitude mental*

Aquilo em que nos concentramos se expande. A combinação da clareza de intenção baseada na visão, harmonizada e energizada com responsabilidade pelo comprometimento, cria um foco como o de um raio *laser*. Este é o processo criativo em funcionamento. Quando a mente é ativada dessa maneira, ela está positivamente orientada.

A mente que trabalha sozinha, sem visão, exerce o único efeito de nos causar problemas por estar desequilibrada. As quatro primeiras etapas do processo de libertar a abundância conseguem dominar a mente. A mente sabe disso, e faz um esforço enorme para interferir no processo. Isso se chama resistência. A nossa tarefa mais difícil é provavelmente convencer a mente de que ela pode ser o instrumento da abundância, que ela pode ser tão ativa a nosso favor trabalhando com a abundância como o foi todos esses anos, admoestando-nos contra a mudança e o crescimento. Essa é a tarefa da mente, e deixar de dar atenção a isso representa correr o risco dc pôr tudo a perder. A "atitude mental positiva" que nega e tenta reprimir as idéias negativas é um estado extremamente precário. Precisamos valorizar a mente inquisitiva, responder às suas objeções e aperfeiçoar a nossa atuação para que ela se deixe convencer e acrescente sua energia à nossa. Em vez de dominá-la, procure curá-la.

Temos apenas que nos certificar de que o nosso pensamento não interferirá no processo. A abundância tem muito pouco a ver com o pensamento. Ela tem tudo a ver com o sentimento, e este último assume muitas formas.

6. *Relacionamento, senso de oportunidade e sentimento*

Nenhum homem é uma ilha e é fundamental reconhecer que todas as outras pessoas e todas as coisas também estão, do seu jeito suave, se manifestando. Vivemos num universo co-criativo, onde às vezes os outros ajudam a nossa manifestação e às vezes nós os ajudamos a se manifestar. O relacionamento adequado requer a disposição tanto de dar quanto de receber, a manifestação e o reconhecimento de que, por mais clara que seja a nossa intenção, a possibilidade que temos de alterar o fluxo cósmico é limitada. Existem momentos em que dar é mais necessário do que receber. O relacionamento adequado está estreitamente ligado à harmonia correta, porque você entra em sintonia não apenas com seu Eu interior, mas também com todo o seu ambiente e com a totalidade do padrão do qual você faz parte. Uma das principais razões do aparente fracasso da manifestação é o fato de você estar em desarmonia com o seu padrão atual ou com o padrão do qual faz parte. Com freqüência uma manifestação não dá certo porque um outro nível da sua consciência reconhece que sua efetivação seria um desastre. Esteja aberto à possibilidade de que algumas vezes você realmente não sabe o que está pedindo, e uma "manifestação fracassada" está na verdade protegendo você de si mesmo.

O momento correto

O senso de oportunidade também está estreitamente ligado à harmonia correta. Na verdade, a importância da escolha do momento certo controla todo o caminho do processo da manifestação. Quando uma manifestação aparentemente falha, muitas vezes o motivo pode ser o momento inadequado, ou seja, o fato de você não estar em sintonia com o que é apropriado nessa ocasião. Você pode decidir *o quê*; o Universo, a Força Cósmica, tem a palavra final no que diz respeito ao *quando*.

Preste atenção aos seus ritmos e saiba reconhecer quando parece estar nadando contra a corrente. Todos conhecemos a sensação que nos invade quando as coisas estão dando certo sem termos que nos esforçar, quando a fortuna parece estar do nosso lado num ciclo de sorte e abundância. Por que lutar? Lutar faz parte do fazer e não do ser, e se o momento não for adequado, ou se o que você estiver buscando for extremamente improvável, por mais corretas que sejam, nenhuma intenção ou ação terá sucesso porque não existe uma sintonia adequada.

Contra todas as probabilidades

Não é impossível ter as suas necessidades satisfeitas quando tudo e todos estão fazendo força na direção aposta e bombeando energia nas necessidades deles em detrimento das suas. Não é impossível mas é uma tarefa muito mais difícil. Sua harmonização, intenção, ação, relacionamento e energia precisarão ser muito mais claros, nítidos e intensos. É quase certo que você terá de dar pequenos passos de cada vez. E seu senso de oportunidade precisa estar muito mais sintonizado.

Não há motivo para desespero ou desilusão com relação aos princípios da manifestação quando todas as probabilidades estão contra você. Conseguir manifestar uma boa e nutritiva refeição no Reino Unido é bem diferente de manifestar até mesmo o mínimo necessário para a subsistência em outros lugares. Não é impossível, mas a probabilidade é menor e este fato precisa ser levado em consideração. Quando uma tremenda quantidade de energia está sendo orientada num determinado sentido, você poderá descobrir que está numa rota de colisão.

O padrão global universal poderá exigir que as suas necessidades não sejam satisfeitas, pelo menos por enquanto, ou não da maneira como você quer, se no processo outras pessoas receberem um importante *feedback* nas suas ações e no que querem manifestar ou simplesmente atrair para a vida delas. Considere a situação em qualquer área desesperadamente pobre do nosso planeta. Isso parece muito duro, mas no momento é mais importante que o mundo ocidental veja claramente os efeitos da sua avareza, ganância, exploração e manipulação, do que as pessoas sejam salvas da inanição.

Esses extremos parecem necessários quando a humanidade deixa de prestar atenção ao *feedback* mais delicado. Sim, podemos continuar com o nosso estilo de vida exagerado e a nossa economia de desperdício, desde que também consigamos tolerar o homicídio desnecessário de milhões de pessoas. Enquanto deixarmos de fazer a ligação entre o nosso excesso e a pobreza que ele cria diretamente em outros lugares, não extrairemos nem alegria nem satisfação dele. Quando deixamos de estar em sintonia com o ambiente como um todo, nos afastamos do fluxo de abundância que ele proporciona.

Muitos países pobres estão vivendo agora essa lição, não apenas para si mesmos — na verdade, muito pouco em benefício próprio. Eles a estão vivendo em nosso benefício. Vamos prestar atenção nisso, ou também precisaremos ficar pobres e expostos à fome e à inanição para compreendermos a mensagem que diz que desprezar as leis universais e tentar acumular riquezas sem dar atenção ao efeito que isso causa em terceiros e aos padrões criados é uma doença terminal.

Você pode fazer parte da realidade de uma outra pessoa e estar proporcionando uma lição a ela. O que importa então é como você se sente com relação a isso, de que modo você reage à situação. Somente quando você continua a se sentir amado e em harmonia é que pode prosseguir na sua jornada em direção à abundância.

O relacionamento e o momento corretos estão estreitamente ligados ao sentimento adequado.

7. *Administração e ação*

Quando você souber claramente o que precisa e tiver certeza de que o padrão que está tentando criar representa uma melhora, faça o que for necessário para permitir que a visão se manifeste na forma. A ação correta tem cinco ingredientes principais: confiar, agir, ouvir, dar e administrar. Confiar significa que você só pede uma vez para que as suas necessidades sejam atendidas. Não fica batendo sempre na mesma tecla, repetindo o pedido três vezes por dia enquanto ora ou medita. Você pede uma única vez e tem fé de que está dando certo. A manifestação tem incontáveis lições que nos ensinam a ser pacientes, persistentes e perseverantes apesar de todas as probabilidades em contrário. Um documento que circulou recentemente pela Findhorn Foundation continha o conceito clássico que diz que "as Leis da Manifestação são apenas um nome em código para martelos e pregos!" Em outras palavras, a manifestação não encerra nada fantástico, mágico ou esotérico, ou mesmo particularmente espiritual. Tudo se resume em executarmos o trabalho com entusiasmo, *mas executá-lo a partir do espaço interior correto*. Isso se chama cumprir a nossa parte no trato com o Anjo da Abundância.

Essa é a diferença fundamental entre o trabalho holístico e qualquer outro tipo de trabalho. A maioria das pessoas ainda acredita que se fizermos bastante força conseguiremos o que queremos, e se não estamos obtendo o que queremos é porque não estamos fazendo força suficiente. E isso funciona. Estou falando da J.R. Ewing School of Philosophy, onde a pessoa com o maior repertório de golpes sujos, ataques pelas costas e técnicas manipulativas de chantagem leva a melhor. As pessoas estão desertando em bando dessa escola de filosofia.

Ouvir envolve aceitar o *feedback* que você recebe sobre sua intenção. Um homem desejava uma nova parceira. Ele foi muito claro e específico a respeito das dimensões desse espécime perfeito, a cor dos olhos e do cabelo, a altura, a suavidade da voz — você entende o que estou querendo dizer. O *feedback* foi praticamente instantâneo. Da porta ao lado saiu exatamente o que ele havia descrito. Ele apenas esquecera de especificar o sexo da sua nova companheira — de modo que ele se viu diante de um homem alto, loiro e de olhos azuis. Quando estiver tentando manifestar alguma coisa desse tipo é interessante fazer algumas exceções, por exemplo: "Excluo minha mãe ou qualquer outro membro da minha família!" Pode ser simplesmente maravilhoso receber um telefonema da sua mãe ou de uma prima distante na Austrália, e como tudo que acontece na sua vida é o que é correto para você, quem pode criticar isso? Entretanto, você *pode* ter outra coisa em mente!

Ouvir inclui aceitar o inaceitável. Você consegue aquele carro veloz e dispendioso — alguém descarrega um XK150* destroçado, de trinta anos atrás, no fundo do seu quintal. Ouvir também envolve responder instantaneamente ao chamado, à voz interior, e isso por sua vez significa que, quando você se propõe a manifestar alguma coisa, esta deve ser mais importante do que qualquer outra coisa na sua vida naquele momento, porque pode ser que precise tomar todos os tipos de providências para que o que você quer aconteça. Talvez tenha de recuperar o tempo perdido e fazer sua parte para que sua intenção se torne realidade. Você precisa fazer tudo o que for necessário.

O terceiro princípio da ação correta encontra-se resumido na declaração de Napoleon Hill: "Seja um doador e não um recebedor ativo." A manifestação está muito pouco relacionada com tomar ou mesmo receber. Ela tem muito a ver com dar e abrir o coração.

A manifestação é um processo de aprendizado, de modo que é bastante útil que você mantenha um diário da sua prática de manifestação. Registre os detalhes do que você deseja manifestar e os pensamentos que nutre a respeito da essência do que quer manifestar e os padrões que vê serem criados. Não deixe de anotar as estranhas coincidências, a mudança na sua atitude e, por fim, os resultados, se houver algum. Poderá alcançar o que pediu. Como alternativa, talvez não consiga especificamente o que pediu, mas quem sabe, em vez disso, descubra a sua essência. Ou então, aparentemente, nada acontece; nesse caso, feche

* Marca do carro (N. da T.)

essa seção particular do diário e verifique uma semana depois quais as repercussões existentes que podem ser a lição pertinente.

Não existe algo como o fracasso de uma manifestação porque há sempre uma informação e um *feedback* valioso. Talvez você não precise do que julga necessitar. Talvez não precise da forma como pensa necessitar. O que imagina precisar talvez não seja a melhor maneira de satisfazer suas necessidades. Portanto, talvez suas necessidades sejam satisfeitas de uma forma diferente que tem a oferecer um valioso aprendizado.

Por fim, a ação correta requer que agradeçamos antes, durante e depois do processo da manifestação e que demonstremos gratidão através da administração adequada. Se não tomar conta das coisas que quer, você estará declarando que não as merece, o que bloqueará o fluxo da abundância.

A abundância requer a presença das sete qualidades que acabamos de examinar. Nossa vida é o programa de treinamento do aprendizado voltado para a integração das suas exigências freqüentemente paradoxais. Esta não é uma opção fácil, e não é de causar surpresa que tantos deixem de freqüentar a escola e vivam uma vida superficial.

Energia correta significa comprometer-se e depois deixar de pensar no assunto.

8

Ser Rico

A antiga abordagem diante do trabalho concentrava-se em fazer e em ter. Se as coisas não estivessem dando certo na nossa vida, se não fôssemos extremamente bem-sucedidos (seja lá o que isso signifique), se estivéssemos insatisfeitos com o padrão de vida que nosso rendimento nos permitia, a resposta era fazermos mais, sermos mais ativos, nos esforçarmos mais ou trabalharmos mais arduamente. A suposição fundamental, nesse caso, é que o que realmente importa é ter mais. O sucesso em geral é definido no paradigma industrial em função do que temos, dos nossos bens, da nossa posição e do ambiente que conquistamos. O nosso "padrão de vida" é considerado mais importante do que a nossa qualidade de vida.

SER TRAÍDO

É muito fácil nos deixarmos convencer pela maquinação. "Você quer muito dinheiro para ter todos os bens materiais que ele pode comprar? Isso significa que você quer ser bem-sucedido! Você quer chegar ao topo da escada, onde estão os prêmios? Então terá de trabalhar para chegar lá em cima e, mais ainda, terá de ceder, fazer as coisas da nossa maneira e, não importa o que você faça, por favor não crie problemas. Quanto mais fizer, mais receberá." Entretanto, essas pessoas não enfatizam que quanto mais você tem, mais precisa fazer para conservar o que tem. A ganância é o vício extremo. Elas sabem, e todo o mundo acaba descobrindo, que nunca podemos ter o suficiente; existe sempre algo mais que precisamos ter para provar o nosso sucesso e permitir-nos dizer: "Eu tenho um nível de vida realmente estupendo." É como fumar cigarro — o cigarro que acabamos de apagar gera a necessidade física de fumarmos pelo menos mais um. Do mesmo modo, a compra que acabamos de fazer nos prepara para a próxima compra que será uma necessidade para manter o padrão, e para que continuemos a nos sentir e parecer bem-sucedidos. Trata-se de um esquema bastante atraente e nunca de todo satisfatório, e é por isso que é um esquema tão bom. A preocupação com o sucesso e com os bens materiais, e o dinheiro que precisamos ganhar para obtê-los nos distrai afastando-nos do nosso verdadeiro crescimento pessoal.

EM DIREÇÃO AO SER

Fazer o deixa preso onde está, no nível em que está, ao passo que *ser* o deixa livre para estar em qualquer nível que deseje. Se, em meio a toda essa atividade esbanjadora, você conseguir abrir espaço para um ser eficaz, poderá começar a ser quem e o que você realmente é, em vez de apenas um veículo para todas as coisas que tem. Você pode externar a sua poderosa energia em vez de simplesmente atrair energia sob a forma de dinheiro e coisas e ficar parecido com um ímã, apinhado de clipes de papel e alfinetes.

Qualquer coisa que queira alcançar no mundo do trabalho começa com você. A verdadeira satisfação provém de você descobrir quem realmente é e de que modo pode contribuir, e permitir que isso cresça. Durante o processo, você inevitavelmente avança porque a energia de ser e crescer é irresistível e ainda mais atraente do que o ímã coberto de clipes de papel. A diferença é que toda a energia que você atrai (sob a forma de dinheiro, coisas, pessoas, etc.) podem ser devidamente apreciadas porque existe algo presente para apreciá-la, ao passo que quando existe apenas uma "coisa" que luta obsessivamente para adquirir e consumir, existe apenas uma pilha de "coisas"; nenhuma verdadeira pessoa é vista. Essa é, portanto, a diferença entre fazer um trabalho (isto é, matar-se de trabalhar) e realmente estar trabalhando. O caminho, como foi descrito no Capítulo 7, é através do despertar, do sintonizar e do alcançar um equilíbrio sutil de todos os sete níveis de energia pessoal.

Isso é feito por meio do treinamento, da prática e do relaxamento, e é isso que o faz entrar em contato com o centro do seu ser. A partir deste espaço, aquilo a que você se decida, acontece. E o que emerge dessa energia orientada e centrada é infinitamente mais satisfatório porque é uma função sua, ao passo que no paradigma industrial você é apenas uma função do dinheiro e das coisas às quais é apegado.

O ESPÍRITO NUM MUNDO MATERIAL

A figura na página 161 resume as diferenças fundamentais entre a abordagem à vida que começa com a ênfase no ser e a abordagem à vida que começa a partir de uma preocupação com o fazer.

O caminho do ser é espiritual; nele a palavra "espiritual" significa simplesmente "proveniente e relacionado com o seu ser — apenas com mais intensidade". O fazer preocupa-se apenas em sobreviver no mundo material. Fazer sem ser é insatisfatório, superficial, movido por uma desconfiança básica da vida. Ser sem fazer, embora provavelmente o estado supremo e mais gratificante, talvez seja um pouco adiantado para quase todos nós. O certo é que não há como alguém possa "ser" num sentido real a partir do estado de fazer. Em vez disso, o que você pode fazer é "fazer" a partir de um estado de ser, quando evitará as piores distorções do mundo material. Você se torna menos obcecado por acumular coisas para provar que existe e consegue manter essas coisas numa verdadeira perspectiva diante da tarefa mais importante de vir a ter um relacionamento adequado consigo mesmo e com o ambiente que o cerca.

No que diz respeito às antigas leis do dinheiro, quanto mais você *faz*, melhor as antigas leis funcionam a seu favor. No caso dos recém-descobertos princípios da abundância, quanto mais você consegue *ser* dentro de si mesmo, melhor os novos princípios atuam.

Fazer é um estado muito sedimentado que se relaciona com o mundo material. Por si mesmo, ele só pode fazer com que você "seja ativo", algo extremamente valorizado na sociedade industrial. O ser pertence ao mundo espiritual e o conduz a um estado de "ser ativo", o estado de graça original ao qual estamos retornando. Para integrar esses dois fluxos da existência — ser e fazer — é preciso que haja um compromisso com o crescimento, que é o ponto crucial da vida de muitas pessoas hoje em dia. Sem uma base no ser, o compromisso com o crescimento é superficial, mas freqüentemente, quando as pessoas chegam a esse ponto decisivo, elas começam a ingressar no mundo do ser e do ser ativo. Elas começam a crescer *em direção* a si mesmas, em vez de se afastar do eu.

O segredo que envolve a manifestação daquilo de que precisamos está no ser e o princípio fundamental com o qual devemos nos preocupar é *ser*, reconhecer a nossa unicidade com o divino e o todo, trazer a energia de Cristo para tudo o que fazemos, afirmando que já a *possuímos*, porque nós já *somos* essa energia.

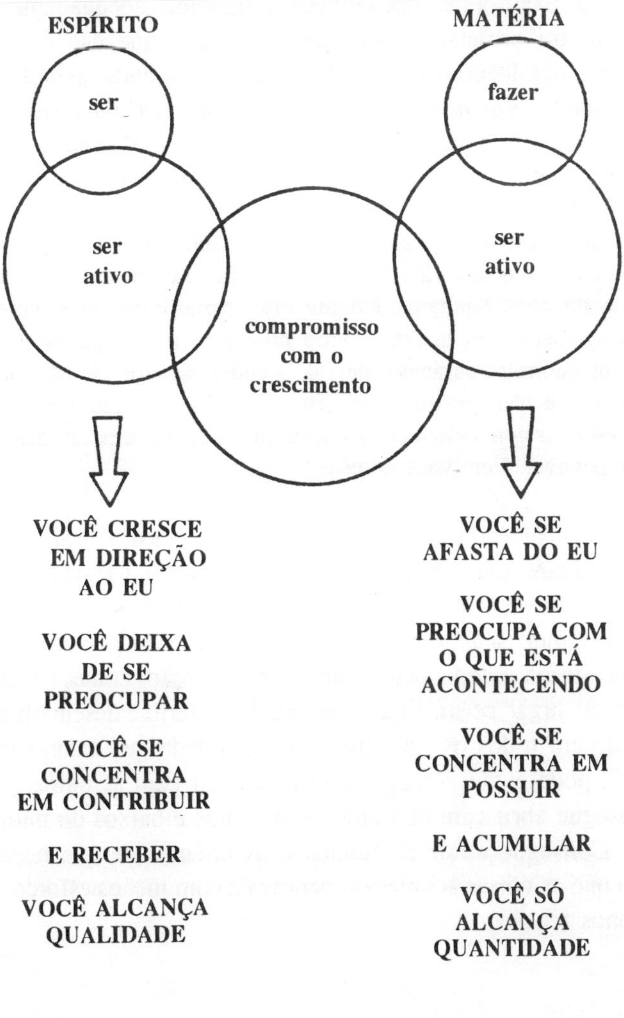

QUANDO TUDO O MAIS FALHAR, SEJA VOCÊ MESMO

Quando a escalada profissional na empresa perde o brilho, quando você já acumulou muitos bens e ainda assim se sente insatisfeito, quando já tentou sentir-se bem de todas as maneiras acumulando coisas ao seu redor e mesmo assim precisa de mais coisas à sua volta porque ainda não se sente bem, você está pronto para começar a trabalhar para "ser".

"Ser" é a maneira de você começar a trabalhar adequadamente. Seu equipamento foi projetado para "ser", de modo que não é de causar surpresa que usá-lo com o objetivo errado, abusando dele ao pensar que ele é apenas um ímã para clipes de papel, não dá certo. É como os cartazes que vemos na lavanderia automática: "Quando tudo o mais falhar, experimente ler as instruções!" Eis o que dizem as instruções:

> Este é um excelente equipamento. Sua primeira tarefa é descobrir o que ele é e como funciona. Ele é especialista em descarrilar e desaparecer em todas as direções. Sua tarefa é dominá-lo e permitir que ele se desenvolva. Como acontece com qualquer outro brinquedo ou equipamento, se você forçar os controles ou abusar dele de alguma maneira, ele não funcionará muito bem e não será muito divertido. Por favor, dedique algum tempo para descobrir como ele funciona, para que você possa extrair dele o maior prazer possível. Vejo você no céu.

Entretanto, fazendo uma comparação, tendemos a usar a delicada peça de porcelana que nós somos como se fosse um martelo.

Tudo o que você quer alcançar no seu trabalho, seja como empregado ou dirigindo seu próprio negócio, ou atuando por conta própria como uma pessoa independente, tudo, sem exceção, começa com você. Se estiver no lugar certo, ligado ao seu Eu interior, desenvolvendo-se e crescendo em todos os sete níveis de qualidade que examinamos no Capítulo 7, pode então começar a se relacionar com as outras pessoas. Você consegue abrir caminho através dos altos e baixos do mundo dos negócios. Consegue atrair os fundos e os clientes de que necessita e fazer com que as coisas aconteçam para você com menos esforço, menos luta e menos tensão.

Uma riqueza de qualidade superior

O caminho do ser não leva necessariamente a menos riqueza. Ele tende a gerar uma riqueza de *qualidade* superior e o relacionamento da pessoa com ela também é diferente. Se eu deixar de me preocupar, poderei ter tudo o que preciso, ao passo que no caminho do fazer eu me apego desesperadamente a todas as coisas que consegui acumular, por temer que elas possam desaparecer, e esse medo é em grande parte justificado. Ele cria sua própria realidade, ao passo que, ao confiar que todas as minhas necessidades serão satisfeitas, eu crio essa realidade. A única dificuldade que envolve a passagem do caminho do fazer para o do ser é o medo de que, ao abandonar toda a atividade, eu perca todos os bens que consegui acumular. Muitos que resolvem se arriscar descobrem que o que acontece é exatamente o oposto — que quando eles se apegam às coisas se vêem obrigados a largá-las, e quando renunciam livremente às coisas que possuem passam a ter o que precisam em abundância. Existem muitos testes ao longo do caminho, como um grande e crescente endividamento que visa verificar seu nível de confiança e grau de desapego com relação aos bens materiais ou às tentações de participar de projetos tendo em mente apenas o ganho financeiro, em vez de pensar no benefício que eles podem trazer à sua comunidade, e assim por diante.

Existem, portanto, muitas barreiras e motivos para relutarmos em abandonar a abordagem hiperativa do fazer. Lembre-se apenas de que o *fazer* o prende onde você está, no nível em que você está, mas o *ser* o deixa livre para estar em qualquer nível que escolha e, como já dissemos antes, a partir desse espaço, aquilo a que você se dedica, acontece.

Em harmonia com o eu

O processo de ingressar no ser chama-se "harmonização". Existem três pequenos passos a serem dados e eles apresentam um extraordinário resultado.

- Quando você consegue encontrar esse espaço interior de paz e tranqüilidade e alinhar-se com o Eu Superior, a Divindade Interior...

- Quando você torna o seu eu receptivo a uma energia sincera e incondicionalmente amorosa e ao apoio mútuo de outras pessoas que pensam como você...
- Quando seu objetivo comum está em sintonia com as forças da natureza e o plano do Universo...

TUDO É POSSÍVEL E PODE RECEBER FORMA

A manifestação de abundância é, acima de tudo, um processo de aprendizado que envolve o ensinamento de como podemos ser aquela presença na vida que fortalece e energiza. Toda manifestação gira em torno de manifestarmos o sagrado na nossa vida, ordenando os padrões para que tanto nós quanto o todo sejamos abençoados. Não há nada esotérico ou oculto a respeito da manifestação; tanto fazer um esforço e assar um pão quanto fazê-lo cair do céu é o que chamamos de manifestação.

Encontramos os dois principais fluxos da humanidade — *ser* e *fazer* — atravessando os sete níveis da abundância. O ser é o trampolim para o ser ativo, enquanto o fazer prepara o estado de ser ativo. A abundância requer que os dois fluxos se combinem no ponto do comprometimento. O poder do espírito é extraído do lado do ser e o lado do fazer é representado pelo poder do sexo. O comprometimento liga as duas energias, como reconheceu Napoleon Hill (embora ele tivesse bem mais tempo para o sexo do que para o espírito!)

ALÉM DAS POLARIDADES

Nem o ser nem o fazer sozinhos têm a resposta completa.

- O fazer está envolvido com a atração, com tentar fazer com que o exterior venha para o interior.
- O ser é representado pela manifestação, e permite que o interior flua para fora.
- "Ser abundante" envolve abandonar a distinção entre o interior e o exterior e ver tudo como um "é" — nós o *temos* porque o *somos*.

Este aspecto acrescenta uma dimensão adicional ao conceito de que criamos a nossa realidade (Capítulo 6). Precisamos reconhecer a diferença que faz o *nível* do eu no qual estamos criando. Trata-se apenas do Ego ou da personalidade do eu, tentando criar a riqueza material através da atração? Ou é o Eu Divino permitindo-se ser? Ou é algo preso a uma rotina de irrealidade?

A resposta completa a essas perguntas requer a união de vários elementos muitas vezes opostos. A abundância só é real quando contém a capacidade de tolerar e se erguer acima do seu oposto. A abundância contém a falta, como a felicidade contém a tristeza e a luz a escuridão. Nenhum dos opostos tem significado sem seu contrário. A tristeza define a felicidade e vice-versa. Precisamos manter um relacionamento correto com ambas, ter a habilidade de irmos para a frente e para trás, e viver no espaço vazio existente no limite entre as duas onde elas se fundem em algo diferente, entre a abundância ou a falta, contendo ambas. Aí então a luz e as trevas não estão mais em guerra, e o mal pode ser visto como a oposição leal que fornece desafios com os quais o bem pode trabalhar.

Celebrando as dívidas

Encarando as coisas dessa maneira, estar endividado pode ser a melhor maneira de descobrir a abundância! Há menos confusão entre a abundância e o dinheiro (porque eles não existem). E a situação é tal que você pode, se o desejar, separar sua falta de dinheiro das suas reações diante dele. Pode perceber mais claramente os sistemas de crenças que tem a respeito da abundância, porque você está experimentando os sistemas de crenças e as emoções negativas que tem em torno da aparente falta de abundância.

Você tem medo, se sente preocupado para resolver a situação pagando sua dúvida? Esta faz com que você trabalhe mais? Ela confirma alguma convicção que tem a respeito da vida ser uma constante luta, ou de você ser irresponsável por viver além dos seus recursos? Acha que deve estar errado de alguma maneira? Sente que está sendo punido? Por que você teria qualquer um desses sentimentos?

Em vez disso, consegue encarar calmamente a situação, procurando ver de que modo ela pode lhe ser útil? O débito tende a nos manter onde estamos. É difícil mudar de rumo e correr riscos quando o débito está presente como um lembrete constante de que não há o suficiente.

Trata-se de um desafio para prendê-lo a algo e a questão é o comprometimento? O universo o está conservando num lugar no qual você precisa estar porque ele o conduz ao seu propósito na vida, ou há alguma coisa que você precisa aprender? Trata-se de um convite ao crescimento — e o convite representa o desafio ainda maior de correr o grande risco, confiar e partir rumo a uma mudança completa? Só você pode responder, e às vezes nem mesmo você. A tensão então gira em torno de viver na incerteza.

Uma pergunta que pode ajudar é a seguinte: "Se as dívidas fossem saldadas, de que modo as coisas seriam diferentes?" Se você reagisse abandonando o emprego, passando mais tempo com a família, indo trabalhar por conta própria, dizendo poucas e boas ao seu patrão, isso é parte do que você quer fazer. E é a isso que parte de você está resistindo. É esse aspecto que você precisa analisar, e também será bastante útil examinar os sistemas de crenças que estão por trás de tudo. Você ficará endividado enquanto se recusar a abandonar a resistência. O que torna o endividamento difícil é a dose dupla de resistência. É o esforço de resistir que torna as coisas difíceis. O endividamento torna-se muito mais fácil quando você o aceita, decide se ele lhe está dizendo para prosseguir ou para prender-se a alguma coisa, e até mesmo sente gratidão. Enquanto você aceitar algo de má vontade (que provavelmente aconteceu para ajudá-lo), ficará paralisado nele. Aceite, aprenda e poderá prosseguir.

A alegoria do endividamento

As dificuldades exteriores sempre correspondem a bloqueios interiores com relação à consciência de si. A dívida exterior pode ser uma alegoria a respeito de outra coisa em sua vida. Quais as antigas "dívidas" que você tem dentro de si? Quais os velhos castigos do passado? Como está o equilíbrio do seu amor? Em outras palavras, você tem grandes reservas de amor que estão pouco a pouco desvalorizando, ou as está sempre completando? Você retribui o amor, ou é mesquinho e custa a liberá-lo? As outras pessoas se ressentem de lhe dar o amor que você sente merecer? Ou os outros têm lhe dado ou investido mais amor em você do que o que você tem dado a eles? A sua folha de balanço — o registro do que deve e do que tem a receber — também está em débito? Este último também pode ser encarado como excesso de abundância. São as outras pessoas que estão investindo em você. E talvez elas queiram algum "juro". Talvez desejem mais do que juros, talvez queiram amor. Talvez você consiga pagar suas dívidas com amor, mais do que com medo e luta.

O medo e as convicções que você tem a respeito do dinheiro são os mesmos que você tem com relação à vida e ao amor. Você acredita que não pode ganhar muito dinheiro e ao mesmo tempo ter tempo para ser? Então é bastante provável que você ache que não pode ter muito amor e ainda ter tempo para si mesmo. Em que essas idéias contribuem para sua habilidade de gerar um rendimento ou um relacionamento permanente?

As chamadas situações negativas, em geral de privação, podem ser excelentes para o aprendizado da aceitação, da aceitação de si mesmo, da gratidão e, por conseguinte, da abundância.

A rejeição serve para aprendermos a nos valorizar. O fracasso é apenas outro nome para "o aprendizado constante". A perda oferece a experiência de vivermos sem alguma coisa: você poderá descobrir que realmente não precisava dela, ou poderá vir a valorizá-la de uma forma diferente, menos obsessiva. A perda pode criar novos mundos para você, uma mudança de prioridades, levá-lo ao seu nível seguinte de desenvolvimento, talvez até a uma oitava superior.

A pergunta "o que você mais gostaria de estar fazendo?" sempre terá (pelo menos) dois níveis de resposta. Um deles estará relacionado com os contextos externos da vida e o outro com o que está acontecendo dentro desses contextos.

No nível *exterior*, a pessoa poderia querer dirigir seu próprio negócio, casar e ter filhos, auferir um alto rendimento capaz de pagar viagens, uma casa no campo, alimentos sofisticados e um pouco de reclamação.

Suspeito que a maioria das pessoas vivem sua vida no nível exterior, acreditando (como a sociedade, na forma dos pais, da educação, da política e de outros interesses, continua a enfatizar) que essas são as coisas que realmente importam. Se elas de fato são importantes é em grande parte uma questão de opinião (moldada pelos pais, pela educação, etc.).

A Grande Mentira é acreditar que ter sucesso nessas metas no nível exterior é capaz de gerar felicidade ou realização, no verdadeiro sentido da palavra.

Alguns contextos encorajam e ativam o progresso por serem difíceis, outros por serem fáceis ou flexíveis. Em algum nível, todos nós escolhemos contextos que favorecerão o nosso progresso rumo ao crescimento. E à medida que cada lição é aprendida, nós avançamos. Aprender a lição pode assumir a forma de uma experiência profunda e cataclísmica, ou meramente de um sentimento de que algo que pareceu certa vez importante já não o é mais. Uma mudança de contexto no exterior tanto reflete quanto facilita uma mudança de atitude ou de prioridades no interior.

O teste final relacionado com essa mudança de contexto geralmente exige que abandonemos algum antigo sentimento, convicção ou contexto. Como esse antigo sentimento ou contexto já foi em certa ocasião muito importante, porque provavelmente investimos muito nele (em termos financeiros, emocionais ou de alguma outra forma), abandoná-lo costuma ser doloroso. Requer que passemos do conhecido para o desconhecido, do seguro para o arriscado, do certo para o incerto, do confortável para o desconfortável, até mesmo assustador. Exige que confiemos em nós mesmos e no processo divino. Testa a nossa capacidade de amar e acreditar no nosso eu em evolução. É a essência da vida.

Claro que nem sempre o desafio significa avançar. Especialmente quando a questão gira em torno do compromisso, o risco pode ser *ficar*! Este fato aumenta a confusão e a incerteza, pois elimina qualquer garantia de que avançar seja sempre o certo. O melhor que temos são suposições. Tudo o que podemos fazer é agir de acordo com elas e prestar muita atenção ao *feedback*. Agir envolve desistir (do desejo de ficar ou da tentação de avançar), e desistir pode ser tudo que é preciso para sabermos com certeza se devemos permanecer ou continuar.

A felicidade é mais um estado pleno e não limitado do coração do que da mente. A realização é uma jornada rumo à totalidade. E tanto a felicidade quanto a realização precisam de um contexto no qual possam ser experimentadas. Pouco importa qual seja o contexto, desde que exista um espaço no qual a felicidade e a realização possam ser experimentadas.

Esse processo começa no interior, alimentando a nossa força íntima, criando em nós um sentimento de abundância que prepara o terreno para a felicidade e a realização. Depois, por alguma razão, se ainda for importante ou necessário poderá haver dinheiro e relacionamentos.

Para muitas pessoas, 1991/1992 foi um período tranqüilo, que se sucedeu ao ritmo impetuoso de 1989 e 1990, e de reflexão a respeito do nosso relacionamento interior com os diversos contextos externos. Muitas pessoas ficaram traumatizadas com a perda da identidade exterior e com a sua relutância em procurar uma confirmação interior. A grande esperança é que, ao desistirmos da casa dos nossos sonhos, do carro novo, da escola particular ou das férias nas Bahamas, possamos descobrir como essas coisas são insignificantes em comparação com a paz interior e a solidariedade. A riqueza não nos ensinou a apreciar as questões ecológicas do ambiente e da comunidade: talvez agora a depressão tenha sucesso onde a riqueza fracassou.

Como é estranho que quanto mais tenhamos sob o aspecto material, menos o apreciemos, e quanto menos tenhamos, mais cuidadosos sejamos e mais o apreciemos. Quando foi a última vez que você cerziu um par de meias ou comeu um bolo feito em casa?!

O conceito de que o dinheiro e a riqueza são basicamente a forma de medir o sucesso é difícil de ser deixado de lado; pois ele está profundamente enraizado no pensamento social. Saber exatamente o quanto é suficiente depende muito da escala de percepção da pessoa, de modo que é difícil avaliá-lo em números. O certo é que nunca haverá o *suficiente* e sempre há alguma outra necessidade (ou extravagância) a ser atendida. Pelo menos isso é verdade quando o dinheiro e o poder recebem uma posição exagerada na nossa vida, e quando são vistos como o único caminho que leva à realização e à qualidade de vida.

Temos sempre que nos prevenir para que um passo adiante na vida exterior não seja um passo atrás na vida interior.

Você só precisa de amor

O amor é ao mesmo tempo a jornada e o destino. À medida que descobre um potencial interior maior, você trabalha com mais amor e trabalha mais em direção ao amor. Trabalho é amor manifestado. Trabalho é amor em ação. Dentro e fora de nós.

Amor não é a mesma coisa que sentimento, sentimentalismo ou empatia. Os sentimentos acompanham o amor, eles não o compõem. O sentimentalismo é uma forma de sentimento, semelhante à nostalgia e ao romance. Quando moderados, esses sentimentos não causam dano, mas não são amor.

O amor envolve um compromisso com você mesmo, com sua consciência em evolução, com o reconhecimento da sua inseparável ligação com o todo divino. Você *não pode* deixar de compartilhá-lo com tudo e com todos. Se fizer exceções, não é amor. É fácil amar as pessoas cativantes. O teste do amor envolve amar os indivíduos desagradáveis como os Hitlers, os Saddams, os Pinochets, os Stalins. Pense em alguém que você acha difícil amar. Continue a respirar! Repita para si mesmo, "Eu o amo. Eu o abençôo. Vejo a Divindade em você. Posso odiar o que você fez, seu comportamento — mas eu vejo a mágoa e a essência do amor em você, como em todos os seres humanos." À medida que se livrar do seu ódio pela pessoa, verá crescer seu amor por ela, *por si mesmo*, por toda a humanidade.

Enquanto aceitar o medo, o ódio e a separação, não haverá amor. É claro que ele está sempre presente: ele simplesmente não consegue penetrar na sua consciência.

Enquanto o medo, a separação e a consciência negativa prevalecerem sobre o amor, a abundância permanecerá irreal e impalpável. E quando o amor se manifesta, a abundância também se manifesta.

Você só precisa de amor, porque o amor é tudo o que existe.

A MEDITAÇÃO DA ABUNDÂNCIA

Neste ponto do livro, você deve fazer a meditação da abundância. Sente-se ou deite-se num lugar confortável, onde suas costas possam ficar totalmente retas, com as mãos sobre os joelhos ou no chão; as palmas voltadas para cima ajudam suas costas a ficarem retas, e também, simbolicamente, o tornam receptivo. Afrouxe a roupa e feche os olhos.

Comece a meditação respirando fundo com o diafragma, três ou quatro vezes. Inspire pelo nariz e expire pela boca. Inale a paz e exale o medo.

Continue a respirar fundo e faça uma pausa depois de cada ciclo de inspiração e expiração. Repita isso várias vezes, até o processo se tornar natural. Sinta que está ficando cada vez mais relaxado e, à medida que se aprofunda cada vez mais nesse estado de relaxamento, concentre-se por um momento no seu corpo físico. Preste atenção em alguma dor que possa estar sentindo. Ouça o que ela pode estar dizendo e escute a sua mensagem, sem nenhuma preocupação indevida. Pergunte a ela aonde quer ir.

Relaxe a testa. Relaxe os pequenos músculos ao redor dos olhos e do nariz. Relaxe a face e o maxilar, deixando a boca levemente entreaberta. Liberte-se de qualquer tensão que possa estar sentindo no pescoço e nos ombros. Imagine, se quiser, um pesado manto escorregando dos seus ombros e levando com ele todo o peso. Sinta seu peito e suas costas se abrindo à frente e atrás de você, para que haja bastante espaço interior. Liberte-se de qualquer tensão que esteja sentindo no plexo solar e no estômago, e repare como está respirando livremente.

Relaxe os quadris e as nádegas, e deixe que esse sentimento de paz e relaxamento flua através das pernas e dos pés, descendo até os dedos. Sinta os braços e os dedos da mão igualmente relaxados. Leve o tempo que for preciso para atingir o relaxamento.

Analise agora as suas emoções. O que está sentindo? Ouça o que as suas emoções estão dizendo e escute a sua mensagem. Deixe que os seus sentimentos simplesmente sejam. Visualize um riacho, se o desejar, descendo borbulhante pela encosta de uma montanha — às vezes dançando e saltando alegremente, às vezes lento e profundo sob a sombra das árvores. Deixe o riacho fluir, deixe-o ser.

Observe agora seus pensamentos. Ouça o que eles estão dizendo e escute sua mensagem. Assegure-lhes que você dá valor à sua contribuição e que no momento você precisa de paz e de tranqüilidade. Garanta aos seus pensamentos que você irá ter com eles a seguir e que lhes contará tudo o que aconteceu. Além disso, se quiser, visualize um céu azul quase totalmente limpo acima do riacho, no qual flutuam apenas algumas nuvens brancas e fofas. Enquanto observa as nuvens, elas se transformam em vapor e desaparecem. Deixe que os seus pensamentos desapareçam junto com elas, esvanecendo-se no éter.

Permaneça totalmente imóvel e comece a ouvir as batidas do seu coração, no enorme espaço abobadado que você criou entre as suas costas e o seu peito, e sinta a qualidade do amor incondicional fluindo a partir deste espaço no centro do coração e preenchendo todo o seu corpo. Tenha a certeza de que o seu coração o ama incondicionalmente e sem reservas, e esteja certo também de que esta é a fonte da sua abundância. Reconheça a abundância da sua respiração, das batidas do seu coração, do seu acesso ao amor incondicional. Leve algum tempo para permitir que esse sentimento de amor incondicional e abundância flua a partir de você em direção à sua casa e ao seu local de trabalho, à sua comunidade, ao país onde você vive, e deixe-o se espalhar para todos os outros países e oceanos do mundo. Veja o globo terrestre reluzindo com abundância e distancie-se no universo o quanto quiser, reconhecendo a abundância de tudo o que existe. Leve o tempo que for preciso para sentir sua ligação com essa abundância.

Deixe agora lentamente o Universo; veja de novo a Terra, reluzindo como um diamante no céu. Sinta as necessidades da Terra e veja-as sendo satisfeitas. Entre agora em contato com as suas necessidades pessoais e veja a abundância do Universo vindo satisfazê-las com amor incondicional. Esteja seguro de que é isto o que está acontecendo. Deixe que as suas necessidades se apresentem a você. Você não precisa pensar, aumentar o ritmo, ou "forçar a barra". Saiba quais são suas necessidades e tenha a certeza de que elas estão sendo satisfeitas. Não faça nenhuma distinção entre o que parece "estar lá fora" e o que você vê dentro de si. Sinta-se no fluxo da abundância e veja seu mundo como ele poderá ser, tão logo abandone o ego necessitado e a resistência. Fique algum tempo com essa imagem. Repare se existe alguém ou alguma outra coisa presente.

Depois de algum tempo, reconheça que você é uma gota de Divindade, que confia em Deus e na abundância do Universo. Agora que as suas necessidades estão claras e específicas, decida-se manifestá-las, na certeza de que elas já estão satisfeitas, ao mesmo tempo que decide manter a sua parte no acordo com o Anjo da Abundância. Desapegue-se por completo do resultado e agradeça.

Saiba que você pode voltar a esse espaço interior sempre que o desejar e que agora está na hora de partir. Faça o que for necessário, e retorne suavemente ao plano físico. Sinta a ponta dos dedos da mão e do pé. Conscientize-se da sua respiração e abra os olhos, sentindo-se luminoso, vivo e abundante.

A realização é uma jornada rumo à totalidade.

9

Sete Etapas para a Abundância

Voltamos neste capítulo ao tema dos sete níveis do Capítulo 9. Ali, o foco estava voltado para a qualidade energética de cada nível. Aqui, examinaremos a atividade necessária em cada nível, as perguntas a serem respondidas. No final do capítulo, todos os conceitos e o pensamento do livro se reúnem num resumo de ação, ao qual você poderá acrescentar as suas próprias resoluções.

PRIMEIRA ETAPA. ENCONTRE A VISÃO

Se você não sabe para onde está indo e não tem certeza a respeito da sua intenção, é muito pouco provável que chegue ao seu destino. O processo de ingressar na abundância começa com uma visão clara e com a definição do rumo que você quer que a sua vida tome.

Atravessando o labirinto

Este será provavelmente um processo gradual no qual a visão que você tem hoje do futuro se transforma na realidade de amanhã. Pode ser como caminhar num labirinto. Você só consegue enxergar até uma certa distância. A cada esquina tem uma nova perspectiva e um novo leque de possibilidades se abre à sua frente. Mas você precisa *ir* até a esquina seguinte. O lugar onde você está é ótimo para começar. As coisas que você tem feito, os pontos fortes e os talentos que desenvolveu, as pessoas e os recursos que reuniu ao seu redor, são uma boa indicação das suas prioridades no momento. Mesmo que não se sinta feliz com relação à sua posição atual, este é um bom ponto para começar.

As características que contribuem para a visão são provavelmente aquelas que você aprecia. Faça a si mesmo as seguintes perguntas:

- Quais as atividades que mais apreciou nos últimos dez anos?
- O que se lembra do seu passado que foi realmente divertido?
- O que mais você deseja fazer nos próximos dez anos?
- Quais dos seus pontos fortes e dos seus talentos representam uma grande alegria para você?
- O que as pessoas estão sempre dizendo que você faz bem?
- O que existe de especial a respeito da *maneira* como você faz as coisas?
- Qual é a qualidade que você expressa?
- O que está surgindo em você que você sente ser novo e estimulante?
- Quem são as pessoas que você gosta de ter ao seu redor?
- O que você tem em alta estima?

Reveja as suas respostas e divida-as em duas novas listas, como explicado na página 175. À medida que tiver novos pensamentos e sentimentos, acrescente-os às listas e continue a escolher até completar 10 coisas em cada lista.

Uma das listas contém as coisas que você idealmente gostaria de estar fazendo, como por exemplo treinando acrobacias, tomando sorvete, conversando ao telefone, jogando xadrez, planejando umas férias, visitando lugares novos, dirigindo seu próprio negócio.

A outra lista descreve como, idealmente, você gostaria de ser, por exemplo, espontâneo, relaxado, meditativo, sexualmente ativo, caloroso, sociável, liberal, organizado, dinâmico, livre de tensão, divertido.

Qual das listas você tem mais facilidade de elaborar? Em qual delas sente mais dificuldade em reduzir o número de elementos para 10? O que isso lhe diz? Gostaria de viver apenas fazendo o que considera ideal, ou somente sendo o que considera ideal? O que você abandonaria se tivesse de escolher?

FAZER IDEAL	SER IDEAL
1. ______________	1. ______________
2. ______________	2. ______________
3. ______________	3. ______________
4. ______________	4. ______________
5. ______________	5. ______________
6. ______________	6. ______________
7. ______________	7. ______________
8. ______________	8. ______________
9. ______________	9. ______________
10. ______________	10. ______________

Qual das duas listas faz seu coração feliz? Que itens o estimulam mais? Reveja-as e ponha um asterisco junto aos itens dos quais gosta muito e dois asteriscos do lado daqueles que você aprecia intensamente. Escolha então em cada lista aquilo que mais aprecia e circule-o.

E se o que você mais gosta no mundo não estiver *em* nenhuma das listas? Considere por que isso não penetrou no seu ser ou no seu fazer. Se quisesse transformar o planeta, estaria fazendo alguma coisa a respeito disso e exibindo no seu ser a qualidade da transformação. Quer isso esteja ou não claramente presente na sua lista, declare-o agora. Você terá então três elementos importantes da sua visão.

Fazer ideal ______________________________

Ser ideal ______________________________

O que mais me interessa ______________________________

Continue a perguntar POR QUÊ?

Tome um desses três elementos de cada vez e pergunte POR QUÊ?

- Por que esta é a minha atividade ideal?
- Por que esta é a minha maneira de ser ideal?
- Por que me interesso por isso mais do que por qualquer outra coisa?

E continue a perguntar POR QUÊ até chegar ao fundo da questão. Fazer isso junto com um amigo, ou ter duas cadeiras para sentar, uma onde pergunta a si mesmo "POR QUÊ" e outra onde você responde, pode representar uma enorme ajuda.

Repare com que você fica zangado ou emotivo. Você está se aproximando da verdade. Os ideais que escolheu podem não ser de modo algum seus ideais: a maioria das pessoas não concretiza a própria visão, pelo menos não antes dos 40 anos. A raiva é um indício de que você não acredita nos seus próprios recursos pessoais. Lágrimas podem ser um sinal de que tocou num nível da visão do qual você se afastara.

O mais perto que costumamos chegar da visão é a identificação de metas, propósito e a concentração nos resultados. A visão é diferente. Ela é o PORQUÊ por trás de todas essas coisas; é ela que torna a jornada uma inspiração, e não apenas a chegada. Você começa com um sorriso, em vez de apenas encerrar com ele.

O dinheiro e a visão

Na nossa sociedade absorvida pelo dinheiro, é natural que você tenha metas financeiras e listas de coisas que quer comprar. Para que serve todo o dinheiro? O que são todas as coisas que você quer comprar com ele? POR QUÊ? Por que você precisa dessas coisas? Para que servem as coisas materiais e os símbolos de *status*? Por que você acha que precisa de um monte de dinheiro? Não há nada de necessariamente mau a respeito disso, desde que esteja bem claro sobre o porquê. Algumas visões exigem uma maior quantidade de recursos do que outras. A visão da Body Shop de Anita Roddick é global e dinâmica. Ela continua a expandir seu impacto através dos anos. Cada novo ponto de chegada abre novos níveis de possibilidades. E o dinheiro entra para apoiar a visão proporcionalmente às necessidades da visão.

Esclarecer para que serve o dinheiro fala a respeito da visão. E isso pode ser agora seu ponto de concentração.

Desanuviando a visão

Resuma a sua visão em cerca de dez palavras. Para isso, recorra ao seu fazer e ser ideais, ao que mais lhe interessa, ao seu meio de vida e ao que emergiu quando você respondeu à pergunta "por quê?"; por exemplo, dirigir programas de treinamento imaginativos, de uma forma holística, para pessoas ligadas à ecologia, à ética e que trabalham por conta própria.

Ela envolve de alguma maneira outras pessoas? No final, ela certamente envolverá centenas, talvez milhões de pessoas, mas neste estágio precisamos estar certos de que a visão não depende do envolvimento de outras pessoas. Um número excessivo de pessoas vive à custa dos outros.

O que é inspirador a respeito da visão, independentemente do prazer que você extrai da reação das outras pessoas diante dela ou do envolvimento delas? Eu teria que ajustar a declaração relativa à visão, que passaria a ser a seguinte, "trabalhar de uma maneira imaginativa, holística, ecológica e ética para transformar o meu mundo".

Precisamos agora eliminar tudo o que está relacionado com o processo e a atividade. A visão é a mais gratificante base de ação, e neste estágio precisamos ser bem claros com relação ao que, em essência, é a qualidade da visão, mesmo quando nada está acontecendo. A essência da minha visão é "transformação através da imaginação".

Tomemos outro exemplo. Sua visão poderia ser a de "faça você mesmo" e de ajudar as outras pessoas a cuidarem de suas casas. Servir aos clientes e fazer o que é necessário para manter uma loja em atividade é o conceito que você faz do céu. Sem as pessoas e sem o processo, você poderia descobrir que a visão gira em torno da "habilidade de realizar as tarefas domésticas!" Uma análise ainda mais profunda e mais abstrata poderia revelar que a visão subjacente é a Beleza, e que é ela que inspira tudo o que você faz e todos os seus relacionamentos. Pense no impacto que esta visão teria em lugares como "Texas Homecare"!

A imaginação

O melhor lugar para você encontrar a sua visão é dentro de si mesmo. A seguir, você passa a trabalhar com a visão no exterior. A qualidade com a qual você trabalha é a imaginação, criando um conceito poderoso que reflete os seus valores, paixões e pontos fortes. Ela precisa inspirá-lo, para inspirar e entusiasmar outras pessoas.

Comece cada dia criando um espaço tranqüilo, no qual você possa relaxar e libertar-se da tensão. Relaxe conscientemente uma parte do seu corpo de cada vez. Entre em sintonia com essa parte de você que conhece exatamente o que é melhor, seu "centro", "ser sábio", "verdadeiro eu", ou "eu superior": é o seu veículo divino!

Respire lenta e profundamente algumas vezes, enchendo o diafragma, e pergunte a si mesmo...

- O que eu mais gostaria de estar fazendo? Por quê?
- Qual é o meu maior interesse? Por quê?
- Que passo importante posso dar para realizar melhor minha visão?

Ou, se preferir, em vez de fazer perguntas, imagine uma situação no seu trabalho ou em qualquer outro lugar exatamente da maneira como você gostaria que ela fosse, como se ela já estivesse acontecendo. Ouça o que surge e registre, junto com qualquer resolução que venha a tomar. Esta é a sua prioridade — é a primeira coisa que você deve fazer todos os dias.

Expresse a sua visão ou compartilhe-a com outras pessoas que estejam preparadas para compartilhá-la. Não a conte para todo mundo, apenas para algumas das pessoas mais chegadas a você. O seu jeito de ser comunicará aos outros a sua visão e a sua energia.

Certifique-se de que a sua visão/intenção inclui dar, compartilhar, servir, bem como receber, ouvir, escutar, estar pronto para o que der e vier e para a transformação.

Reveja, pelo menos uma vez por mês, de que modo suas prioridades estão mudando e onde existe um conflito. Torne mais claro o que você quer agora e de onde vêm os conflitos — internamente, segundo condicionamentos passados e externamente, de que modo sua visão não está integrada à visão daqueles à sua volta. Uma vez definida a origem do conflito, você pode deixar de se preocupar com ele ou usar a visualização criativa para vê-lo modificado.

Por fim, reveja em quais das sete etapas você está trabalhando, como pode ajustar aquelas que está deixando de lado e equilibrar aquelas com as quais está se envolvendo demais.

- Você tem um excesso de fantasias a respeito da visão, ou sua imaginação está em banho-maria?
- Você medita demais e por conseguinte suas vibrações estão excessivamente elevadas, ou sua vida está terrivelmente desequilibrada?
- Você planeja e dirige constantemente os eventos, ou vaga sem rumo como uma rolha na água?
- Você está se tornando um autocrata, ou nunca faz valer seus direitos?
- Você se preocupa demais com os detalhes ou levianamente os despreza?
- Você vive num remoinho emocional, ou é frio, distante e pouco comunicativo?
- Você é extremamente ativo a ponto de ficar exausto, ou fica na cama o dia inteiro?

Tenha uma visão global

Sir George Trevelyan diz: "Despreze sempre as exigências do Ego e escolha o rumo que conduz à totalidade máxima." Tenha uma visão global do que está acontecendo, examine a maneira como seus objetivos tanto de dar quanto de receber afetam não apenas a você mesmo mas também a tudo que o rodeia, e certifique-se de que esses objetivos estão voltados para o que há de melhor, e que você é capaz de dedicar-se irrestritamente a eles — porque tudo o que é feito com profunda dedicação, e com a qualidade espiritual divina do amor, é perfeição.

Além de fazer perguntas a si mesmo durante a meditação, você também obterá resultados eficazes se usar este momento de paz para visualizar o que pretende. Você também pode imaginar o seu local de trabalho como gostaria que ele fosse; continue mentalizando essa imagem e observe como ela se parece e o que você sente; examine detalhadamente as pessoas que fazem parte dela. Deixe que a imagem brilhe e reluza; atraia para ela, sem esforço, as pessoas e recursos que você deseja; e esteja certo de que ela retrata uma absoluta realidade, que está facilmente ao seu alcance. Enquanto estiver visualizando seu local ideal de trabalho, descreva-o por escrito ou faça um desenho dele. Volte então a perguntar que providências pode tomar para se identificar mais com esta visão.

Essas duas técnicas de meditação e visualização criativa combinam perfeitamente uma com a outra e são parte integrante da nova abordagem que estamos explorando. Depois de definir seus objetivos e algumas providências sensatas que você tomará a seguir, assuma a responsabilidade por eles e ponha-se em campo para alcançá-los. Certifique-se, diariamente, de que a primeira coisa que fizer seja parte deste novo processo e faça-a até estar concluída. À medida que avançar, volte ao seu espaço tranqüilo para tornar a visão mais nítida, remover quaisquer bloqueios ou alguma resistência que possa estar sentindo e continue a avançar. Definir a visão é um processo iterativo. À medida que a visão fica mais nítida, torna-se mais claro o modo como você pode lhe dar forma, o que por sua vez torna mais fácil assumir compromissos, o que por sua vez garante a realização. Mas tenha cuidado. Peça apenas o que você *realmente* quer, porque irá obtê-lo com certeza!

SEGUNDA ETAPA. DEFINA SUA POSIÇÃO

Alinhar-se com a sua visão faz com que você alcance uma harmonia maior consigo mesmo e com o seu ambiente. Estamos trabalhando aqui com a aplicação prática das sete qualidades da abundância que examinamos no Capítulo 7. À medida que prosseguimos, os passos a serem dados tornam-se mais concretos e firmes. Tudo começa na esfera abstrata da visão (Primeira Etapa). A seguir, passamos para a esfera da intuição, que o ajuda a ser sensível ao sinal das oportunidades, do ambiente, das tendências e das necessidades do mundo ao seu redor. Ela garante que a direção que você dá ao seu trabalho proporciona um casamento perfeito entre você e o seu ambiente imediato. Qual é a sua posição especial? Quais as tendências que o apoiarão? Qual é a lacuna no mercado que é sua, exclusivamente sua, especialmente criada pelo sistema em seu benefício? O trabalho que você faz precisa se ajustar a você como uma luva. Ele deve realçar a sua personalidade ímpar, as suas habilidades especiais, bem como a sua visão e esperanças, e deve ainda estar em sintonia com o mundo em que você vive. O desenvolvimento da sua visão também se revela no processo de descoberta da sua posição, esse canto inexplorado e insatisfeito do mercado que clama por aquilo que só você pode dar. Descubra a si mesmo e descubra a sua posição especial.

Divirta-se!

A sua busca da abundância precisa conter o inusitado conceito de que você deve se divertir. Defina o que seria a coisa mais divertida do mundo para você. Pense então em quem irá pagar para que você se divirta! Em vez de receber um salário para ser infeliz, trabalhar arduamente e viver eternamente com medo de ser passado para trás, fique aberto à possibilidade de um benfeitor que financie seu sonho.

Quem *irá* pagar para que você se divirta?

Quem está clamando pelo que você tem a oferecer?

Se acha que não há nada especial a seu respeito, você certamente nem começou a procurar. Volte ao início deste capítulo e desta vez trabalhe de fato com as perguntas. Pergunte a outras pessoas como elas o vêem e ouça o elas dizem, especialmente as mais entusiastas e pródigas em elogios.

De que modo quer trabalhar?

Reflita a respeito de onde você quer trabalhar, com quem, em que tipo de empresa. Procure descobrir quais as aptidões que esses lugares estão desesperados para conseguir e assuma a responsabilidade de tornar-se o que eles desejam. Compreenda que você é único e erga-se acima de multidão. Seja você mesmo. Seja diferente.

Observe como funciona esse mundo no qual você quer penetrar — onde ele se reúne, quem influencia as opiniões, como seus membros fazem as coisas no momento. Forme uma imagem clara e definida do seu ambiente ideal. Não recorra apenas ao seu cérebro esquerdo (analítico). Intuição significa aprender a partir do interior, contemplar o cérebro direito (intuitivo). A voz dele é calma e insistente, ao passo que a do Ego é alta e arrogante. Quando você não souber para onde ir, procure uma resposta, uma dica, dentro de você. E quando a intuição falar, siga-a sem questionar. Ela nunca pedirá que você faça algo contrário à ética — apenas o Ego costuma fazer isso.

TERCEIRA ETAPA. PLANEJE O SEU TRABALHO

Observe como a energia flui de uma etapa para a outra. À medida que você define a sua relação com o ambiente e se acomoda na sua posição, a forma da sua vida começa a se definir.

Todo este capítulo gira em torno de criar um plano no qual você consolida o que pretende oferecer, a quem e como pretende fazê-lo. Este é o conteúdo da sua intenção. A maioria dos planos explicam detalhadamente *como* algo vai ser feito sem jamais esclarecer *o quê* é esse algo, ou *por quê* ele está sendo feito. É por isso que o planejamento é tão malvisto. Não obstante, quando você tem uma idéia grandiosa ligada a uma necessidade urgente, você definitivamente precisa planejar como ela se realizará.

O planejamento e a organização formam o processo através do qual boas idéias podem se tornar realidade. Sem um plano ocorrerão inúmeros falsos começos e direções erradas. Coisas importantes deixarão de ser levadas em conta e o progresso será lento e frustrante. Um bom plano reduz a possibilidade da perda do *momentum* e mantém o ímpeto quando todo o resto fica difícil.

E ele é apenas um ponto de partida que reage constantemente à mudança. Você examina minuciosamente, com antecedência, as implicações das suas intenções, garantindo que o padrão que elas criam é ao mesmo tempo desejável e exeqüível. Aí então você se coloca na posição de receber aquilo de que precisa.

Faça a si mesmo algumas perguntas

Durante este estágio de planejamento, seja claro a respeito do seguinte:

- Qual a visão geral? De um modo amplo, qual será o resultado final?

- Qual o padrão que isso cria na sua vida?
- Qual a mudança de forma e estrutura que se faz necessária na sua vida?
- Quais são as possibilidades, as coisas mais importantes a serem feitas?
- Quais as dez tarefas que, se executadas, o levarão mais para perto de onde você pretende estar?
- Quais são os marcos importantes do caminho?

A diferença entre esse plano e qualquer outro que tenha elaborado no passado é a integridade e o espaço ético que você adotou, livre do Ego e do apego.

Desse modo, seu novo plano não será nem rígido nem inerte. Ele traz consigo seu conceito diante da vida. Ele envolve a explicação das suas suposições e intenções para que saiba com clareza para onde está indo. Um bom plano cria flexibilidade e a possibilidade de uma rápida mudança em resposta a pressões "externas". Sem um plano, tudo o que você vai obter será o caos.

QUARTA ETAPA. ASSUMA O COMPROMISSO

Este é o ponto no qual você pára de dizer que vai fazer... e efetivamente faz! Você elaborou o plano e tomou a decisão de agir. Agora introduz o trabalho necessário, aloca os recursos, preenche os cheques e arrisca o que for preciso.

O comprometimento implica ultrapassar o ponto em que não há retorno possível.

> Enquanto a pessoa não está comprometida há hesitação, existe a possibilidade de recuo e uma constante ineficácia.
> Há uma verdade elementar a respeito de todos os atos de iniciativa e criação que, quando ignorada, destrói inúmeros conceitos e esplêndidos planos: a verdade de que no momento em que definitivamente nos comprometemos com alguma coisa, a Providência também se põe em movimento.
>
> W. H. Murray, *The Scottish Himalayan Expedition*

Considere, portanto, os compromissos que vai assumir:

- consigo mesmo
- com seus entes queridos
- com relação ao tempo, à energia e ao dinheiro

Você está preparado para dar conta deles, não importa o que aconteça?

E, quando assumir o compromisso total, você se libertará de todo o apego com relação ao resultado? Amará incondicionalmente a si mesmo, do fundo do seu coração?

Entregar-se-á à realização da sua visão com amor e determinação? Vai parar de dizer "sim" quando quiser dizer "não"? Assumirá total responsabilidade por tudo na sua vida?

QUINTA ETAPA. DEFINA OS DETALHES

Neste ponto, você precisa recorrer aos seus poderes de concentração, pois uma vez que tenha uma idéia clara do que está fazendo e uma vez que estiver totalmente comprometido com isso, torna-se fácil concentrar-se nos detalhes essenciais — orçamentos, fluxos de caixa, monitores de controle, planos de emergência, visando a reações rápidas diante de mudanças. O que precisa então ser feito e em que ordem? Quais os passos graduais que vai dar? Quais os seus meios para chegar ao fim?

É desastroso examinar os detalhes antes de se comprometer. Se você o fizer, só conseguirá se debilitar. Se perceber que é exatamente isso que está acontecendo, a resposta é recuar para a etapa anterior e reafirmar seu compromisso. E se isso for difícil, recue ainda mais até encontrar uma base sólida.

A contribuição da mente para a abundância é elaborar detalhadamente os recursos de que você precisa, e controlá-los. Você poderá ter um plano que inclui a intenção geral de uma receita de 12 mil libras nos próximos doze meses. O trabalho mental detalhado é definir quando esse rendimento é necessário e qual a sua finalidade. Feito isso uma vez, torna-se muito mais fácil repetir o mesmo nos anos seguintes.

Questione os gastos necessários

Relacione os seus principais gastos necessários e questione um por um. Você realmente precisa disso, ou está diante de um substituto para o amor por si mesmo, como o chocolate? É uma boa idéia fazer uma estimativa das suas necessidades mínimas e elaborar uma lista suplementar de "coisas desejáveis que podem ser adiadas" — coisas que gostaria de ter, e que ainda considera necessidades, mas que pode adiar para mais tarde. É claro que cada lista dá origem a mais perguntas. É este *realmente* o mínimo necessário? É aquilo uma necessidade ou um luxo sem o qual você poderia muito bem passar se desse mais aos outros? Ou será que você subestimou — será que está se limitando por não acreditar que merece os recursos?

O exercício que estará fazendo se parece com a Tabela de Despesas apresentada adiante. A primeira coluna de números mostra o que você considera atualmente seu mínimo necessário. A segunda mostra o quanto você pode *deduzir* da primeira; a terceira mostra o adicional que você quer para coisas desejáveis que podem ser adiadas.

Tabela Anual de Despesas

Despesas	*Atuais*	*Possível redução*	*O desejável que pode ser adiado*
Lar			
Hipoteca/aluguel	£3600	(£900)	
Gás, eletricidade, óleo, água	£300	(£100)	+ £500
Consertos e manutenção	£100	(£100)	
Seguro do prédio e dos materiais	£150	(£150)	
Licença para televisão etc.	£100	(£100)	
Mobília e equipamentos (especifique)	–	–	+ £750
Telefone	£200	(£200)	

Subsistência			
Alimentos e bebidas	£2000	(£1000)	+ £500
Enlatados e perecíveis	£50	–	
Roupas e sapatos	£50	–	+ £250
Limpeza e lavanderia	£50	–	
Recreação			
Assistência médica e atividades esportivas	£300	(£300)	+ £250
Atividades voltadas para o desenvolvimento pessoal	£300	(£300)	+ £500
Livros, revistas, assinaturas	£50	(£50)	+ £100
Diversão	£100	(£100)	+ £250
Restaurantes	–	–	+ £750
Férias	£300	(£300)	+ £750
Viagens			
Compra de carro/prestações	–	–	+ £2000
Manutenção do carro	–	–	+ £1250
Outras viagens	£850	(£100)	–
Financeiros			
Presentes e gorjeta	£100	(£50)	+ £1000
Planos de seguro e de aposentadoria	£250	(£250)	+ £750
Impostos e taxas (imposto de renda, imposto territorial)	£3150	(£2000)	+ £5400
Prestações não cobertas acima	–	–	–
TOTAIS	£12000	(£6000)	+ £15000

* Veja o texto a seguir

O aspecto difícil do dinheiro

Quer esteja trabalhando com uma expectativa de despesas de 6 mil, 12 mil ou 27 mil libras anuais (e eu já trabalhei com todas as três, com muito menos e com muito mais), você pode lutar e sentir que está sendo tratado com injustiça... ou pode se sentir rico. A quantidade de dinheiro realmente não importa. Ele é apenas o contexto no qual está trabalhando. Ter mais dinheiro não vai resolver o problema. O único caminho é sentir-se mais rico. Trabalhar com o dinheiro de um modo responsável faz parte do caminho. Estar preparado para assumir uma infinidade de novas tarefas também faz parte do caminho de abundância que se abre diante de você. A elaboração do orçamento pode ser uma dessas tarefas. A administração do fluxo de caixa quase certamente o é. E cada uma dessas coisas adquire um novo significado na Idade da Abundância.

Seu orçamento pessoal torna-se uma declaração de compromisso, uma medida dos recursos que você está preparado para investir a fim de tornar a visão uma realidade. É o dever de casa que precisa fazer para esclarecer sua intenção. A previsão do fluxo de caixa representa sua intenção traduzida para termos mais tangíveis, embora a palavra "previsão" possa ser inadequada, uma vez que nem mesmo as condições atmosféricas parecem estar confiavelmente contidas dentro desta palavra! Atenha-se ao conceito da intenção.

O efetivo fluxo de caixa representa a energia circulando através de você, mais uma vez representada por termos simples e tangíveis. Ele é apenas um indicador da qualidade energética da sua vida.

Alguns dos itens do seu orçamento ou fluxo de caixa precisam ser reestruturados. Planos de previdência, seguro de vida e outras formas de poupança são apenas nomes que damos ao excesso, um excesso de abundância com relação às necessidades presentes, sistemas de depósito destinados a cobrir grandes gastos futuros. Suponha que você vá precisar de recursos no futuro para ter tempo para escrever ou administrar um projeto de caridade, ou se candidatar à presidência da república, ou fazer uma importante aquisição necessária a um estágio posterior de um projeto ou mesmo de um filho. Um plano de previdência, uma poupança ou um plano de seguro é um bom lugar para deixar que a abundância cresça gradualmente por um período de cinco, ou talvez dez ou vinte anos. É errado pensar que a abundância tem sempre que estar ligada apenas ao momento presente. Esta seria uma reação excessivamente radical ao antigo paradigma da acumulação de riquezas. A abundância gosta que você trabalhe *com* ela, em vez de apenas livrá-lo de apuros porque você não fez seu dever de casa.

Por fim, o imposto é o dízimo que nós pagamos, o percentual de valor adicional que devolvemos à comunidade. É o reconhecimento de que estamos ligados ao nosso ambiente. O fato de na Grã-Bretanha o governo ficar com mais de 50% de praticamente qualquer permuta sem nenhuma manifestação de gratidão ou humildade é um teste para cada um de nós sobre o amor incondicional e o perdão.

Dinheiro é energia

Tudo se resume no fato de que dinheiro é energia e a maneira como ele atua na nossa vida é um reflexo do nosso jeito de ser.

Tendo isso em mente, pense em como você vê o dinheiro fluindo através de você nos próximos doze meses. Quanto entra e quando isso acontece? Quanto sai e quando? Em que ocasião está com excesso, em que momentos está sustentando o excesso de outras pessoas? Observe essa reestruturação do débito. Não é uma situação má. Na verdade, é uma situação de grande responsabilidade e abundância. Outras pessoas estão investindo em você, proporcionando-lhe oportunidades de trabalhar com confiança, ética, amor por si mesmo e humildade. Também existem para elas oportunidades igualmente importantes.

SEXTA ETAPA. REÚNA A EQUIPE

Quando tudo o que diz respeito a você mesmo estiver esclarecido, poderá começar a reunir outras pessoas ao seu redor. Aqueles que têm visão e que fizeram o trabalho necessário para tornar a visão palpável são absolutamente irresistíveis. Sua energia, vitalidade e entusiasmo extravasam livremente.

O entusiasmo é contagiante; ele envolve outras pessoas no seu projeto. Desenvolva relacionamentos magníficos, relacionamentos que o engrandeçam, bem como às pessoas com quem você se relaciona. Seja vigoroso e transmita energia para os outros a fim de poder recorrer ao talento deles. Desenvolva sua rede de comunicações. Quem você deve envolver? Como pode manter a energia do entusiasmo? Os contatos são fundamentais e, sem dúvida, é verdade que o que importa não é o que você sabe e sim quem você conhece. Vai ficar impressionado com o número de pessoas que conhece que podem ajudá-lo e que querem se envolver quando você desenvolve uma visão poderosa. Compreender o que faz as pessoas vibrarem, relacionar-se intensamente com seus colegas de trabalho, convencer os outros do valor das suas aptidões, até mesmo pedir um empréstimo no banco são coisas que envolvem cultivar e desenvolver contatos. É por esse motivo que o ponto essencial deste livro, bem como o dos dez anos de treinamento e seminários nos quais ele se baseia, gira sempre em torno do indivíduo.

SÉTIMA ETAPA. ENTRE EM AÇÃO!

É chegado o momento de *agir*! Nada pode detê-lo! Você precisa estar em plena forma, ativo e preparado para arregaçar as mangas e pôr a mão na massa. Sua intenção continuará sendo apenas uma intenção até você entrar em ação e exercer sua influência. E depois? O que vai fazer? O que vai fazer *precisamente?* E quando o fará? Se não for agora, quando?

As teorias e os planos são excelentes, mas eles só têm valor quando colocados em prática. O trabalho é amor em ação e o primeiro pré-requisito para o sucesso é que você ame seu trabalho acima de tudo. Isso é especialmente verdadeiro porque você pode levar um longo tempo para se estabelecer numa atividade gratificante. Não se trata de uma corrida de 100 metros rasos e sim de uma maratona, de modo que é bom que seja um grande prazer para você.

Fé em si mesmo

Você também precisa ter fé. Esta palavra tem sido muito mal-interpretada. De início, ela significava correr um risco, por acreditarmos profundamente em algo, de modo que ela se encontra na essência da nova abordagem ao trabalho. Você vai precisar de todos os tipos de coisas no seu trabalho — dinheiro, equipamento, pessoas, contatos, clientes, patrões. Depois de constatar que realmente precisa de alguma coisa, concentre-se calmamente nela e decida-se manifestá-la. Se não está interessado na prece, em breve o estará! Se estiver no caminho certo, fazendo a coisa certa, pelo motivo certo, obterá o que deseja manifestar, sua fé será justificada. Seu desejo poderá não se realizar da forma como esperava, e também pode demorar mais — às vezes, muito mais — do que você quer, mas ele se tornará realidade se você for paciente e quando estiver pronto para recebê-lo.

Nesse meio tempo, seja perseverante e conserve as suas intenções, prestando bastante atenção ao que o Universo favorece e ao que parece dificultar. É esse o processo em que você põe sua visão em atividade. Como a sua visão reflete o que é mais importante para você — seu conceito de diversão — você não terá mais dificuldade em fazer do trabalho sua principal prioridade, estando totalmente presente, dedicando toda a sua atenção a ele, assumindo o comprometimento necessário. O que torna esta abordagem diferente de todas as outras é que ela se concentra no indivíduo. As respostas padronizadas são poucas, a não ser nas áreas mais mundanas do trabalho e da vida. Cada indivíduo precisa encontrar seu próprio caminho. Este livro é pioneiro. Ele reflete a jornada de milhares de pessoas antes de você, as possibilidades e as armadilhas. Ele pode orientá-lo, mas não pode fazer tudo para você. Cabe a você assumir responsabilidade pela sua própria abundância e pelo seu aprendizado.

Sua alma pode ter outras idéias

Grande parte do aprendizado acontece na ação. O Universo só pode lhe fornecer um *feedback* se você agir. Este *feedback* o conduzirá numa velocidade muito rápida, desconfortável para seu eu controlador. Ele poderá dar-lhe a impressão de estar indicando uma direção diferente, ou poderá estar testando você. Vai decidir ouvir o *feedback* e continuar a responder?

E se, depois de ter feito todo esse trabalho sobre a visão, de ter entrado em sintonia com a abundância e de ter se tornado completo, sua alma intervier com outras idéias? Seria a visão realmente oriunda da alma, ou apenas de um outro nível da personalidade do Ego? Você será então capaz de se libertar do seu apego à visão e se aproximar mais do que sua alma procura? Trabalhar com a alma, com a visão e com a abundância não é garantia de sucesso, sobretudo de algo socialmente aceitável, o sucesso material! Se for necessário sua alma se meter numa enrascada para aprender e crescer, é exatamente isso que acontecerá.

A medida do sucesso não é o dinheiro, e sim o aprendizado e o crescimento.

RESUMO — AS SETE ETAPAS RUMO À ABUNDÂNCIA

A lista a seguir resume o conteúdo deste capítulo e introduz um simples código de cores que você pode usar como uma forma rápida de descrever a energia e a atividade de cada um dos sete níveis. Talvez já esteja familiarizado com as cores, pois elas são um dos sistemas relacionados com os chakras, os centros de energia identificados com sete pontos do corpo na filosofia oriental. Trata-se de um conceito *muito* antigo com uma roupagem nova.

1. VIOLETA — DESCUBRA A VISÃO
Use a *imaginação*. Crie uma idéia grandiosa, que reflita seus valores, paixões e habilidades. Ela precisa inspirá-lo, para que você possa inspirar e entusiasmar outras pessoas. O que realmente o inspira?

2. ANIL — DEFINA A SUA POSIÇÃO IDEAL
Exercite a sua *intuição*. Descubra a sua posição ideal. Seja sensível aos sinais dos tempos, do seu ambiente, das tendências e necessidades do mercado. Certifique-se de que a sua idéia dá uma boa combinação entre os seus talentos e as necessidades não satisfeitas das pessoas que atuam no mercado de trabalho. Qual *é* a sua posição ideal?

3. AZUL — PLANEJE O SEU TRABALHO
Recorra à sua habilidade de *planejamento*. Examine com atenção as principais implicações do que você está fazendo sem se perder

em detalhes. Coloque-se firmemente no fluxo do dinheiro, das idéias, das influências, das informações e dos bens. Tente obter uma visão panorâmica. Como tudo *irá* funcionar?

4. VERDE — ASSUMA O COMPROMISSO
Exerça a sua *vontade*. Pare de dizer "Eu vou fazer!" e tome efetivamente as providências necessárias. Aloque os recursos necessários. Corra alguns riscos. Sinta-se cada vez mais seguro e crie um espaço para você. Qual o seu grau de compromisso?

5. AMARELO — DEFINA OS DETALHES
Uma vez que você tenha uma idéia clara do que está fazendo e esteja totalmente envolvido com ela, concentre-se nos detalhes fundamentais — fluxos de caixa, sistemas, orçamentos detalhados e planos de emergência para que haja uma rápida reação às mudanças. *Precisamente* o que está envolvido?

6. LARANJA — REÚNA A EQUIPE
Exiba toda a sua *vitalidade*. Envolva outras pessoas na sua idéia. Desenvolva "relacionamentos maravilhosos". Seja dinâmico e dinamize os outros. Aproveite o talento das pessoas. Desenvolva a sua rede de atividades. Quem você realmente precisa envolver?

7. VERMELHO — ENTRE EM AÇÃO
É tempo de *atividade*. Nada pode detê-lo agora, mas você precisa estar ativo e em boa forma. Esteja preparado para arregaçar as mangas e pôr a mão na massa. Sua idéia é apenas uma idéia até você entrar em ação e exercer a sua influência. E *depois?*

OS 49 PASSOS

Encerrando este capítulo, e para consolidar a sua mensagem numa lista de conferência para ação pessoal, apresento a seguir sete atitudes fundamentais que devem ser tomadas em cada um dos sete níveis. Acrescente tantas resoluções e ações adicionais quantas queira para gerar seu plano de ação para a abundância.

VISÃO (*Violeta*)

1. Exercite-se diariamente, visualizando e sendo quem você é.
2. Identifique seu verdadeiro Eu interior, alinhado com a Divindade.
3. Esclareça o *porquê* por trás dos acontecimentos da sua vida: se não estiver bem certo com relação ao que deve visualizar, peça que isso lhe seja mostrado.
4. Resuma sua visão em dez palavras e sua principal qualidade em uma ou duas palavras.
5. Se não gosta do relatório final, mude o programa: se quer mudar o mundo, mude primeiro a si mesmo.
6. Siga a sua felicidade: e lembre-se de que a sua alma pode ter outras idéias.
7. Empreenda uma jornada rumo à totalidade, despertando e equilibrando todos estes sete níveis de energia.

POSIÇÃO (*Anil*)

1. Reserve um espaço de tempo prioritário para o crescimento pessoal e o trabalho interior, com o devido apoio.
2. Examine o mundo no qual deseja ingressar.
3. Elabore dez listas de dez pessoas, influências, amigos que o apóiam ou o pagam para você se divertir.
4. Exercite-se, distinguindo o Ego da intuição: ouça a intuição e aja imediatamente de acordo com o que ouviu. Procure sempre a lição contida na situação.
5. Examine sua sombra. Liberte-se dos seus vícios e apegos exteriores (dinheiro, segurança, aquisições, casa própria, etc.).
6. Pare de se preocupar com dinheiro e aparências. Tenha fé e fique aberto à satisfação das suas necessidades. Receba alegremente os presentes e a caridade. Dê da mesma maneira como quer receber.
7. Aceite a vida com serenidade de espírito. Dedique algum tempo ao relaxamento, medite e busque dentro de si as respostas. Não seja econômico com a verdade, quer consigo mesmo, quer com os outros.

PLANO (*Azul*)

1. Reserve regularmente algum tempo para avaliar, planejar e rever as suas prioridades: no início, as coisas podem assumir a forma errada.
2. Questione todas as suposições e reaja de uma forma crítica aos políticos e a qualquer outro tipo de sabedoria que queiram "empurrar" para você.
3. Especifique suas intenções. Torne-as claras e afirme seu aspecto positivo. Verifique qual padrão está criando.
4. Estabeleça prioridades. Quais as tarefas que, se executadas, o farão aproximar-se mais da sua visão? Dentre as coisas que poderia fazer, defina 10% que você efetivamente fará.
5. Identifique o que está impedindo seu progresso e trabalhe nisso. Compartilhe a situação com um amigo.
6. Faça todos os exercícios do Capítulo 5, especialmente os das páginas 95-98,102,103,104,107, e preencha a tabela de decisões no final *deste* capítulo (página 197).
7. Abrace o profissionalismo e equilibre-o com a graça de Deus.

COMPROMISSO (*Verde*)

1. Valorize e ame a si mesmo incondicionalmente, sem complacência ou confirmação externa. Torne-se receptivo a uma energia sincera e incondicionalmente amorosa, bem como ao apoio mútuo.
2. Tome uma posição. Assuma responsabilidades. Não desperdice o seu poder. Assuma compromissos e cumpra-os. Rompa-os apenas em benefício de compromissos maiores e mais profundos, e faça-o de uma maneira honesta.
3. Ouça as vozes negativas e siga em frente, mesmo assim. Não reprima os sentimentos "negativos". Reconheça, expresse, compreenda-os e aprenda a conviver com eles.
4. Faça a auto-avaliação sugerida no Capítulo 2, que começa na página 32.
5. Concentre-se no desapego: comprometa-se totalmente e liberte-se de todo e qualquer apego com relação ao resultado. Falar a respeito de uma viagem não é um compromisso: reservar a passagem é.

6. Desenvolva um relacionamento descontraído com o dinheiro — não se deixe possuir por ele, nem o rejeite. Examine os seus sistemas de crenças e decida não permitir que eles o dominem.
7. Diga "Não" se o que você sentir for "Não".

DETALHE (*Amarelo*)

1. Tenha tudo preto no branco. O detalhe nunca criou nada, mas a falta de atenção ao detalhe destrói muitas idéias.
2. Defina o que realmente precisa e o que pode adiar. Faça um perfil preciso.
3. Reconheça que a relutância em lidar com o detalhe é um indício da falta de comprometimento...
4. ... Mas o mesmo se aplica à atenção ao detalhe à custa de tudo o mais. Procure manter um equilíbrio.
5. Quando a sua mente quiser interferir e se recusar a ficar quieta, diga a ela que não se preocupe e garanta-lhe que você irá ter com ela depois. (Como alternativa, peça-lhe para traduzir a Bíblia para o búlgaro, enquanto você faz outra coisa!)
6. Seja flexível com relação às circunstâncias das pessoas. A mente sadia é flexível e se sente à vontade com a mudança, com a ambivalência e com a reação diante das circunstâncias.
7. Concentre a sua mente na cura.

PESSOAS (*Laranja*)

1. Relacione-se consigo mesmo; depois poderá se relacionar com os outros.
2. Cerque-se de pessoas positivas como exemplo e reúna um grupo de pessoas para fazer o trabalho.
3. Não faça julgamentos. Não culpe ninguém (nem mesmo você). Interesse-se pelas pessoas, respeite, apóie e valorize-as. Seja sempre compreensivo.
4. Goze a vida. Divirta-se. Não retarde sua felicidade. Seja feliz agora. Ofereça festas.
5. Compartilhe sua abundância. Doe 10% da sua renda pessoal a pessoas e organizações que você valoriza. Mostre-se disposto a participar da manifestação das outras pessoas.

6. Procure apoio. Relacione-se com outras pessoas que estão no mesmo caminho. Recorra a consultores externos e a grupos de *brainstorming* para estimular novas idéias.
7. Orgulhe-se do seu trabalho. Recuse tarefas que possam debilitá-lo. Não faça nada que não seja um prazer para você no momento.

AÇÃO (*Vermelho*)

1. Faça alguma coisa, diariamente, que o aproxime mais da sua visão.
2. Cumpra a sua parte no acordo com o Anjo da Abundância. Faça com amor o que for necessário, a partir do espaço interior correto. Ative o seu crescimento pessoal.
3. Seja um bom administrador. Honre o que você possui; reduza drasticamente seus gastos. Questione a necessidade de cada aquisição. Use uma parcela menor de tudo. Compre bens e alimentos produzidos na sua região. Compre coisas que irão durar de trinta a cinqüenta anos. Busque com elegância os recursos adequados vivendo com moderação.
4. Você só pode lidar com o que está diante de você. Não tente fazer mais do que pode neste momento. Trabalhe bem, e não arduamente.
5. Meça o sucesso exclusivamente através do aprendizado e do crescimento.
6. Pense grande... comece modestamente. Comece lentamente de onde estiver. Não se superestime nem tente abraçar o mundo com as pernas. Certifique-se de que o Ego não está no comando. Tenha fé, paciência, seja persistente e perseverante.
7. Louve todos os dias a sua abundância, sobretudo nas épocas difíceis. Celebre as dívidas e flua junto com a mensagem que elas trazem. Veja em tudo uma oportunidade e uma lição. Agradeça. Por fim, recorra a esta lista e a todo o trabalho que você realizou para firmar um claro compromisso com a abundância, usando o conceito abaixo.

**A medida do sucesso não é o dinheiro,
e sim o aprendizado e o crescimento.**

RESOLUÇÃO SOBRE A ABUNDÂNCIA

A visão que eu tenho me liga ao Universo.

A necessidade urgente que ela satisfaz. Quem pagará?

A forma que eu dei a ela (descrição do plano).

Os recursos de que preciso

para começar

no decorrer do próximo ano.

O que me comprometi a fazer para permitir que a visão e os recursos se tornem realidade.

Os padrões que ela formará na minha vida e além desta.

Quem estou envolvendo na minha visão.

Isto ou algo ainda melhor é agora minha realidade. Obrigado.

Assinatura ______________________ **Data** __________

10

Trabalhando para Si Mesmo

Vivemos uma época de mudança sem precedentes. Uma importante transformação está em andamento. Muito vem sendo preparado, basicamente num nível pessoal. Aos poucos as pessoas estão se reunindo e exercendo um efeito dramático no coletivo. Um dos símbolos dos nossos tempos é a queda do muro de Berlim. É chegado o momento de introduzir essa transformação nessa parte da nossa vida onde ela tem estado menos em evidência — o mundo do trabalho.

A palavra "abundância" simboliza as manifestações práticas desta nova abordagem. Isto é mais do que pensamento positivo, mais do que consciência da prosperidade, mais, muito mais, do que acumulação de riquezas. Cada um destes últimos ainda defende a separação, ao passo que a abundância declara sua ligação com a energia universal.

A nova abordagem abundante ao trabalho pode ser, ao mesmo tempo, divertida e financeiramente gratificante.

TRABALHANDO PARA CRESCER

O trabalho é um lugar que cada um de nós cria a fim de crescer. A princípio, ele é um lugar para colocarmos em prática as aptidões e o conhecimento teórico adquiridos durante a nossa educação. É um laboratório onde fazemos experiências com o nosso potencial. Verificamos de que maneira conseguimos suportar as diversas exigências que nos são feitas. Os primeiros desafios estão relacionados com a nossa habilidade de reagir às instruções e à disciplina. Aos poucos, aceitamos mais responsabilidade e aprendemos a trabalhar em equipe. Por ser nova, esta experiência é em parte estimulante, pois estamos aprendendo a respeito de nós mesmos, estamos crescendo e penetrando no nosso potencial. Também temos lições a aprender a respeito de receber, quer sejam louvores, elogios, dinheiro, quer admoestações. Tudo isso exerce um grande impacto sobre a maneira como vemos, bem como sobre a nossa auto-estima. Podemos ficar magoados por sermos malpagos, mal-recompensados, ou bem-pagos, mas sem que nos seja dado o devido valor. E até mesmo o fato de sermos bem-pagos pode nos tornar excessivamente dependentes das influências externas; desse modo, se perdermos o emprego ou formos preteridos numa promoção, os efeitos podem ser devastadores. O dinheiro começa a nos dominar e podemos passar a depender dele para provar de alguma maneira que temos valor. Entretanto, nenhuma quantidade de dinheiro é capaz de gerar abundância.

O local de trabalho não é apenas um lugar para onde nos dirigimos e recebemos dinheiro; ele é claramente um lugar onde trabalhamos a nossa auto-estima. O dinheiro é apenas um veículo para que haja um desafio à nossa autopercepção. Chega, afinal, o momento em que precisamos decidir se continuamos a ser escravos do sistema ou, o que vem a ser praticamente a mesma coisa, se nos rebelamos contra ele, ou ainda se escutamos o que de fato está sendo dito, assumimos o comando, controlamos a situação e aceitamos a responsabilidade. Talvez a decisão mais importante que precisamos tomar na vida seja se continuamos a reagir às lições do local de trabalho no nível superficial do Ego, ou se começamos a realizar algum progresso real meditando a respeito do que elas têm a nos dizer num nível mais significativo — o que é uma opção pessoal.

A princípio, isso significa ver o que podemos *fazer*, e depois como podemos estar com as pessoas e fortalecer a nossa capacidade mental. Recebemos a seguir a oportunidade de nos afirmar num nível profundo e de encontrar o nosso lugar na ordem das coisas. Muitas pessoas param neste ponto, o que é muito triste, pois o trabalho também é o lugar onde podemos encontrar significado e visão — o *PORQUÊ* por trás de tudo.

INTEGRANDO O TRABALHO E A VIDA

Muitas pessoas vêm fazendo perguntas a respeito da sua vida e das coisas que parecem controlá-las, erguer barreiras e construir jaulas. A maior parte deste trabalho sobre o desenvolvimento pessoal, quase todo o desenvolvimento da consciência, foi realizado fora do local de trabalho. Há um abismo entre o trabalho que fazemos em nós mesmos e o tipo de atividade que nos é exigida no nosso emprego. Poderíamos chamar o trabalho que fazemos em nós mesmos de "trabalho interior" e o trabalho que fazemos para ganhar a vida de "trabalho exterior". Muito pouco tem sido feito até hoje para reunir esses dois mundos, para integrar o trabalho interior ao trabalho exterior. O primeiro parece limitado às horas da noite e aos fins de semana; o segundo é o que acontece das nove às cinco no local de trabalho. O mundo dos negócios tem desprezado amplamente este novo questionamento e as mudanças de atitude e de consciência que vêm ocorrendo. Seus dirigentes parecem satisfeitos em deixar esse trabalho para outras pessoas, separando-o do "mundo real" e tratando-o como um passatempo, como o tricô, o golfe ou colecionar selos. Eles não perceberam a ligação entre as mudanças que vêm ocorrendo e as prioridades comerciais dos negócios. E quem pode culpá-los? Grande parte da linguagem da nova consciência tem sido esotérica e inacessível, ao passo que outra parte, também considerável, parece excessivamente ingênua; há um ponto de contato impalpável.

É imperativo trazer os conceitos desta nova consciência para fora do seu ambiente normal e fechado, e é chegado o momento para isso. O mundo do trabalho está pronto, principalmente porque existem homens de negócios seguros o suficiente para contemplar algo novo, ao mesmo tempo que compreendem que existe uma urgente necessidade de que surjam iniciativas e abordagens totalmente novas.

O mundo do trabalho pode lucrar com a integração das novas formas de pensamento, da nova consciência do crescimento pessoal; e todos nós podemos encontrar no trabalho um valioso contexto para a nossa tarefa de desenvolvimento pessoal. Precisamos atravessar o jargão e o mistério que envolve tanto o mundo dos negócios quanto a linguagem espiritual, para que as pessoas no mundo dos negócios possam perceber as vantagens de encorajar todos a ficarem mais fortes, e para que aqueles que trabalham com o espírito possam colher os benefícios decorrentes de uma abordagem mais comercial. Outros livros sobre os negócios não dão atenção à dimensão pessoal espiritual, enquanto outros livros sobre o crescimento pessoal não dão a devida importância ao trabalho. É chegado o momento de contemplar o crescimento pessoal no contexto do trabalho, reunindo os dois, em vez de enxergar o conflito entre as pessoas e a organização, entre o trabalho e a vida.

UMA EXPERIÊNCIA DE CRESCIMENTO PESSOAL

Os principais problemas na área dos negócios são meramente sintomas de algo muito mais profundo, refletindo o espírito humano. É importante assumir a responsabilidade pelas nossas situações particulares. Culpar os outros, ou a nós mesmos, não nos levará a lugar algum. Somos todos responsáveis, e o primeiro passo em direção a algo melhor é a aceitação desta responsabilidade.

O trabalho — e especialmente o trabalho por conta própria — é a suprema experiência de crescimento pessoal. Sejam quais forem os problemas que possamos ter com relação ao nosso valor pessoal, à nossa auto-estima, às nossas habilidades, à maneira como as outras pessoas nos vêem, eles surgirão mais rapidamente no contexto do trabalho. Coloque-se numa situação na qual ocorra uma comunicação direta como uma venda ou uma negociação, e tudo que precisa saber a respeito da opinião que tem sobre si mesmo se tornará visível. Enquanto todo mundo estiver fingindo ser outra pessoa, a verdadeira comunicação e o verdadeiro entendimento são virtualmente impossíveis. A principal resistência a isso decorre provavelmente do medo de que possa dar certo e de que tenhamos deixado escapar, durante tanto tempo, a maneira mais fácil de alcançar um resultado. O medo do fracasso, o medo de que possa não dar certo, é apenas uma desculpa. O verdadeiro medo é o medo do sucesso, o medo de que possa dar certo e de que tenhamos de enfrentar uma situação muito mais dinâmica.

O trabalho ocupa, no caso de quase todos nós, cerca de metade do tempo que passamos acordados e consome um percentual ainda maior da nossa energia ativa, de modo que o principal lugar em que qualquer mudança séria pode ocorrer é na esfera profissional. Qualquer filosofia de vida, quer sugira uma nova consciência, uma ligação mais estreita com um propósito maior ou mais elevado, ou apenas uma técnica para lidar com o estresse, tem um valor limitado se deixar de integrar o contexto do trabalho. Mas aí já ocorreu uma mudança substancial.

Boas e más notícias

As companhias têm se mostrado receptivas às exigências básicas da força de trabalho; à necessidade de bens de consumo com preços mais realistas; à necessidade da satisfação no emprego, mais participação, proteção para os empregados depois da aposentadoria, desenvolvimento das carreiras e aconselhamento para os desempregados. Elas também se mostram receptivas às exigências quanto ao controle da poluição, à proteção do consumidor, em parte por causa de medidas legais, com uma pitada de consciência social e preocupação com o meio ambiente. Mas ainda encontramos sintomas do que acontece quando falta visão no trabalho. Ainda presenciamos uma alta rotatividade de pessoal, que chega a alcançar 30% ao ano; um moral pouco elevado, como é indicado pelas faltas ao trabalho e pelas doenças; descontentamento e pouco-caso pelo trabalho. Muitas vezes é difícil descobrir a orientação de uma companhia. Ela quer gerar lucro, e não está bem certa com que finalidade, a não ser criar uma organização maior que, por sua vez, saberá menos ainda por que quer ter lucro.

A obsessão pelo dinheiro e pelos bens materiais indica que não conseguimos pensar num objetivo melhor. As greves, as discussões, a falta de cooperação, a exigência de uma semana de trabalho ainda mais curta indicam que as pessoas não estão fazendo o que querem, não apreciam o que fazem nem sentem que estão chegando a algum lugar. Quando a política da empresa assume um grau de interesse desproporcional, e reina uma atmosfera de conflito e hostilidade, fica claro que as pessoas só se sentem envolvidas num nível extremamente superficial. Até certo ponto nos arranjamos e agüentamos a situação, mas isso não é mais suficiente; é chegada a hora de uma importante mudança, uma aceleração.

Os passos que demos até aqui foram uma preparação para uma mudança importante rumo a uma abordagem holística e abrangente, rumo ao trabalho e à relação deste com as pessoas, rumo ao ambiente em que atuamos e aos desejos mais profundos dos indivíduos. É chegada a hora de nos afastarmos da separação do trabalho com relação ao resto da vida. De um lado, estão as inúmeras pessoas que aceitam a necessidade de um emprego como a maneira mais óbvia de enfrentar as contas, indo se divertir em outro lugar. Do outro lado, estão aquelas que se identificam com uma nova abordagem à vida e que, no entanto, não a levam para o contexto do trabalho. Nos casos extremos, essas pessoas abandonam o sistema mantendo uma posição de altivo isolamento. Embora esta última atitude seja precária, às vezes parece preferível. Como alternativa, algumas pessoas se sujeitam às ameaças cotidianas de alguma organização insensível e pouco complacente. Isto é tão sem sentido e frustrante quanto o trabalho empreendido sem qualquer tipo de consciência. Na maioria dos casos, as empresas estão apenas começando a tomar consciência do que vem acontecendo porque poucos empregados admitem publicamente que detestam o emprego. As críticas levam à perda de possíveis vagas nas companhias ou ao desemprego, de modo que é o medo que mantém as pessoas trabalhando. É um verdadeiro milagre que a maioria das organizações ainda funcione.

Duas saídas

Existem duas saídas. O mundo do trabalho pode adotar a nova consciência e reconhecer sua nova responsabilidade de proporcionar um ambiente profissional que ponha as pessoas em primeiro lugar e estimule o crescimento pessoal. E aqueles que descobriram um objetivo mais elevado para suas vidas podem transformar esta visão em realidade criando o seu próprio trabalho, seja nas organizações, seja fora delas. O trabalho de transformação é empreendido em grande parte por pioneiros solitários, que trabalham arduamente para favorecer a libertação e o crescimento do indivíduo. Este trabalho é de fundamental importância para as organizações; sem ele, elas se tornam estacionárias e incapazes de responder às mudanças necessárias à sua sobrevivência. Há muito o que aprender com a nova classe de proprietários e de gerentes que trabalham por conta própria, bem como com as pequenas empresas, onde a integração entre a vida, o trabalho e um novo tipo de consciência é mais perceptível, pois não existem restrições empresariais ou exemplos opressivos de colegas e também porque, para sobreviver nesse mundo, é preciso gostar apaixonadamente do que se está fazendo. É a visão pessoal o que os mantém em atividade e a sua falta o que explica o grande índice de fracassos.

Outro lugar em que importantes mudanças estão amadurecendo e onde se reflete esta mudança fundamental de atitude é no mundo do treinamento; este tem sido bastante receptivo ao crescente reconhecimento da necessidade de um relacionamento mais estreito entre as pessoas e a organização. Por sua vez, isso reflete a tendência da preocupação e da pressão externa sobre a moralidade e a saúde das companhias, bem como sobre as questões ecológicas. O novo conjunto de prioridades no qual a qualidade de vida figura de modo proeminente, e onde são aceitas menos concessões, está se ajustando mais rapidamente no mundo do treinamento do que em quase todos os outros lugares. No passado, o treinamento tendia a se concentrar em fornecer novas aptidões e informações para corrigir deficiências. Seu estilo era arrogante, didático, masculino e adequava as pessoas às necessidades das organizações. Hoje em dia, uma abordagem mais centrada no indivíduo surgiu para restabelecer o equilíbrio, e isso age em benefício tanto do indivíduo quanto da organização, porque se Jane pode realmente ser Jane sem ter de fingir que é outra pessoa, existe uma maior probabilidade de que a energia, o entusiasmo e o talento de Jane estejam mais presentes em seu trabalho. As companhias precisam desesperadamente atrair e reter uma equipe feminina em todos os níveis, tanto para combater a redução na mão-de-obra disponível causada pela acentuada redução no número de jovens que deixam a escola, quanto para integrar as qualidades que as mulheres podem oferecer, de modo que a demografia também vem ajudando a introduzir uma nova consciência. As mulheres que retornam ao mercado de trabalho e as pessoas na terceira idade (com mais de 50 anos) estão em alta no mercado e têm potencial para se opor à influência do homem de Essex. As pessoas com mais de 50 anos tendem a ser mais amadurecidas e preocupadas com os valores e a ética, em vez de buscarem apenas a recompensa financeira.

A dicotomia nos negócios

A diferença fundamental entre as empresas convencionais e os empreendimentos holísticos está na atitude diante do dinheiro. A empresa convencional se avalia em função do seu sucesso na acumulação de recursos, particularmente de dinheiro. A empresa holística pode conseguir acumular a mesma quantidade de dinheiro, mas este é puramente acidental. A tarefa é fazer com que a consciência cresça e evolua, para que a pessoa não apenas *faça* o negócio, mas também *seja* o negócio — de um modo inseparável e indistingüível. Sob muitos aspectos, é muito mais rápido e mais fácil simplesmente fazer o negócio. Não preciso trabalhar em mim mesmo, ou examinar a sombra que eu preferiria não reconhecer. Não preciso pensar em mais ninguém nem no ambiente ou nos padrões que estou criando. Posso apenas sair por aí agredindo as pessoas. Limpar depois o planeta é função de outra pessoa. "Um desses paspalhões da nova era pode fazer isso, e se eles tivessem ao menos um pouquinho de tino comercial ganhariam uma fortuna!" Fazer as coisas exclusivamente por dinheiro torna os negócios e a vida terrivelmente diretos. Você pode se dar ao luxo de ter uma única idéia na cabeça porque só existe um problema — "O que me dará o maior lucro?" — e lá vem todo aquele dinheiro para compensar o vazio interior, e todo o trabalho árduo e interminável a ser feito; deste modo, não é preciso nem mesmo ter consciência desse vazio interior. Tudo parece muito atraente, ao passo que os adeptos da visão holística podem dar a impressão de estar passando por momentos difíceis; o carro deles está velho e caindo aos pedaços, só possuem um aparelho velho de televisão, não têm dinheiro para comprar carne, pobres coitados, e não podem nem mesmo comprar roupas de boa qualidade, tendo que se vestir em lojas de segunda categoria. "É realmente maravilhoso como, apesar disso tudo, eles parecem tão felizes!"

A abordagem holística é igualmente direta e simples, e da mesma forma você pode ter um único pensamento com relação a ela, embora dedicação total e entusiasmo seja uma melhor descrição. Não importa o caminho que você escolha, haverá um elemento considerável de esforço e de trabalho; no caso do empreendimento holístico, o trabalho é realizado em níveis mais internos, e no da empresa convencional é realizado nos níveis mais externos. Em ambos os casos será gerado dinheiro; no empreendimento holístico, ele será suficiente para atender às suas necessidades e provocará uma sensação de bem-estar, ao passo que, no caso do empreendimento convencional, o perigo é que nenhuma quantidade de dinheiro seja suficiente e você fique com um sentimento de insatisfação. Você pode ser "o tal", mas se sentirá entediado! Em que caminho está o *seu* dinheiro?

TRABALHANDO POR CONTA PRÓPRIA

Onde quer que trabalhemos, podemos decidir trabalhar em benefício próprio, pensar em nós mesmos como profissionais autônomos e fingir que somos donos do nosso nariz. Isso pode ser uma tarefa árdua e frustrante num local de trabalho convencional, mas é menos árduo e frustrante do que nos sentirmos vítimas. Ser um modelo de visão, integridade, clareza, comprometimento, bom senso, entusiasmo e destemor sem dúvida exerce um impacto. Afeta as pessoas ao seu redor. Representa uma valiosa contribuição, quer você esteja consciente disso, quer não.

Junte-se às poucas almas corajosas que se erguem contra o antigo sistema, combatendo as restrições à liberdade de ação e de expressão no local de trabalho. Programas de mudança cultural podem cambalear, programas de desenvolvimento de recursos humanos podem ser fechados, mas você ainda é a sua pessoa. E é certamente vantajoso considerar trabalhar por conta própria pelo menos em tempo parcial ou nas suas horas de folga como um dos elementos da sua estratégia profissional, o que lhe conferirá uma maior sensação de controle sobre seu trabalho. Uma renda independente e escoamentos garantidos para a criatividade e o compartilhar são fundamentais para o crescimento pessoal.

No final, o melhor lugar para você trabalhar para si mesmo e em si mesmo é o seu próprio negócio — não apenas uma versão em menor escala do antigo vilão, e sim um empreendimento holístico baseado nos princípios do amor e da integridade.

Pessoas que começam a trabalhar por conta própria comentam como é maravilhoso "trabalhar para um patrão que me ama". Esta frase resume admiravelmente as vantagens de trabalhar por conta própria. Você pode realizar sua visão sem ser tolhido pela ausência de visão no seu ambiente de trabalho. Proprietários e gerentes precisam transformar essa visão numa boa e grande idéia. À medida que ela se solidifica, a confiança deles cresce e eles começam a pensar em termos mais amplos. Você pode destruir o argumento da maioria das suas idéias comerciais, o que é uma das principais razões pelas quais 80% dos novos negócios fracassam, mas com visão e imaginação, sua idéia *será* totalmente aproveitável. Esta é a base do sucesso, uma vez que é a visão que faz a diferença e o torna magnético.

A união ou o vínculo que você quer estabelecer é com os clientes e não com os empregadores. Os clientes podem ser menos deprimentes do que os empregadores, porque os primeiros estão buscando respostas concisas, entusiasmo, confiança, serviço, emoções e é divertido providenciar tudo isso. Os empregadores podem ter uma visão menos exuberante e apreciar qualidades não tão fáceis de providenciar. Eles têm o lugar deles, é claro, muitas vezes como provedores de aprendizado para empresários iniciantes. Mas ao trabalhar por conta própria, você se relaciona e passa seu tempo com fornecedores e clientes que pensam como você e que você mesmo escolheu. Você não pode escolher a sua família (bem, você pode e o faz, mas esta é outra história bem diferente) e não pode escolher seus colegas de trabalho, a não ser que trabalhe por conta própria.

Quando você é o patrão, ou trabalha num pequeno empreendimento em que é um dos sócios, você está na posição ideal de receber e reagir ao *feedback* de todas as partes. Isso o leva na direção da autenticidade e da abundância. Não há como escapar — você projetou, fabricou, testou, vendeu, montou os sistemas e é o chefe. O *feedback* é ensurdecedor, e você está muito bem situado para agir de acordo com ele, especialmente porque, como diretor administrativo do seu próprio espetáculo e não como um dente de engrenagem na máquina de uma outra pessoa, é mais fácil enxergar o grande plano.

Demonstrando o comprometimento

Existem poucas maneiras melhores de trabalhar com o comprometimento do que dirigir seu próprio negócio. Nessa área, o momento do compromisso acontece quando você pára de tagarelar e fazer estardalhaço e põe seus planos no papel. Lançar-se simplesmente em alguma coisa sem uma análise completa não é comprometimento. E o plano não precisa envolver algo imponente para demonstrar o comprometimento. Na verdade, elaborar planos para algum vasto projeto que nunca se torna realidade por ser irrealista e ultrapassar os limites da probabilidade razoável é mais um sinal de falta de comprometimento. O grau de comprometimento é muito mais elevado quando o plano é um processo gradual e você está se preparando para dar o primeiro passo, que é simples e relativamente fácil de ser alcançado. Isso demonstra um maior comprometimento porque a probabilidade de você ter que fazer alguma coisa é muito maior. Pense grande... Comece com moderação. Este é o caminho do verdadeiro comprometimento. Aqueles que só se satisfazem com grandes planos, propostas dispendiosas, grandes edifícios e tapetes luxuosos não estão trabalhando holisticamente e sim com o Ego. Começar de uma forma moderada e insignificante pode ser um importante teste para os Egos sensíveis.

UM PLANO DE NEGÓCIOS

Seu plano de negócios é uma clara declaração de intenções, o sinal de que você decidiu quem você é e para onde está indo. Ele o força a não ser modesto e a declarar as suas especialidades sem sucumbir ao Ego. E um bom plano é flexível porque reconhece que mesmo os planos mais cuidadosos podem não dar certo. Ele também sabe que "a vida é aquilo que acontece enquanto fazemos outros planos". O ponto de partida está em você consumir o compromisso de recorrer ao seu potencial, em vez de criar bloqueios.

Colocar o plano no papel lhe garante que você combinou o que está fazendo com o mercado e o ambiente mais vasto. Testa a viabilidade das suas idéias e lhe proporciona uma simulação da realidade: o plano é como administrar o negócio durante um ano sem efetivamente administrá-lo. *Com efeito*, após experimentar teoricamente o ano, você *talvez* possa passar por cima dele na prática e avançar para o ano seguinte, que é mais incerto.

Você precisa cumprir as suas promessas, e investir o seu dinheiro (além do seu tempo e energia) no negócio, proporcionando segurança aos investidores que muitas vezes não estão tão abertos quanto você ao compromisso e ao risco. No seu caso, como diz Carl Rogers, "a única verdadeira segurança é o seu preparo para abraçar a insegurança". Você está diante de um equilíbrio muito delicado — arriscar sem ser irresponsável, ter segurança sem estagnar, saber diferenciar entre a insegurança aceitável, a negligência que causa a própria derrota e o desprendimento momentâneo.

O plano é uma declaração do eu. Implementá-lo representa um importante ato de auto-afirmação, um teste para verificar se você é capaz de integrar o dinheiro, o amor e o poder sem se tornar arrogante. Todos os problemas que você tem com relação ao dinheiro e à auto-estima se acentuam quando você precisa se promover dia a dia, negociar preços vantajosos e conseguir dinheiro, tudo praticamente sozinho. Isso não é tarefa para pessoas medrosas.

REESCREVENDO A CARTILHA FINANCEIRA

O trabalho por conta própria pode ser empreendido com a mesma falta de consciência que qualquer outro trabalho. Pode envolver apenas executar o trabalho e ganhar dinheiro. Ou pode ser uma forma de reavaliar os objetivos e até mesmo a terminologia do mundo dos negócios. O plano de trabalho não deve conter muitas informações detalhadas, mas uma abordagem mais holística o mantém bem-equilibrado.

A maioria das pessoas que freqüentam os cursos empresariais e até mesmo, infelizmente, muitos daqueles que os oferecem, acreditam que conhecimento e informação é tudo o que importa. Não há dúvida de que sem conhecimento você pode se ver em sérios apuros, mas mesmo o mais refinado conhecimento sobre impostos e sistemas não faz um negócio dar certo. *O assunto está muito mais relacionado com a visão do que com o ICM.*

A maior parte dos negócios familiares e da terminologia financeira adquire um novo significado quando examinada a partir da perspectiva holística. O *preço*, por exemplo, é, sem sombra de dúvida, o mais intensamente discutido de todos os assuntos, porque o preço que cobramos está estreitamente relacionado com o nosso nível de auto-estima. Um preço exageradamente elevado pode indicar uma baixa auto-estima porque o Ego precisa da demonstração de valor que uma etiqueta com um preço elevado parece conferir. Da mesma maneira, um preço abaixo do mercado indica um claro constrangimento em nos valorizarmos, seja ou não em comparação com outras pessoas. O preço torna-se então uma forma de medir o quanto nos valorizamos.

O nosso controle de *lucros e perdas* mede o serviço que fornecemos e o que recebemos, o valor que os outros perceberam em nós e o que nós percebemos neles, e mostra, no todo, se a balança pendeu ou não a nosso favor. A situação se complica porque a energia relacionada com o dar desencadeia uma reação no Universo, que garante que recebemos tanto quanto damos — muitos diriam dez vezes mais —, de modo que se no final do ano parecermos ter dado mais do que recebemos, pode haver algo errado com a qualidade do nosso ato de dar e com a energia envolvida. O lucro é uma maneira de medir o nosso crescimento — não apenas o crescimento financeiro, mas também o nosso crescimento pessoal, o aumento da nossa auto-estima justificável. Afinal, vivemos do lucro. Ele representa a quantia que precisamos para sobreviver. Se não há lucro, não há sustento nem crescimento.

O nosso *balancete* registra os recursos pelos quais somos responsáveis e que se encontram sob a nossa guarda temporária. É importante garantir que não estamos acumulando desnecessariamente níveis elevados de recursos, uma vez que isso bloqueia o fluxo.

O nosso *livro-caixa*, analogamente, representa a maneira como cuidamos dos recursos que estão sob a nossa guarda. Deixar de manter o livro-caixa significa ser descuidado.

O *capital* é a abundância acumulada a partir das atividades e outras manifestações dos anos anteriores destinada a financiar os estágios seguintes do nosso crescimento, tanto financeiro quanto pessoal. O *rendimento sobre o capital* é a reação energética natural à aplicação da energia. O *fluxo de caixa* é apenas uma expressão da maneira como você vê a energia do dinheiro fluindo através do seu negócio e da sua vida. Se não conseguir produzir um fluxo de caixa por um período de um a dois anos, você não examinou o padrão do dinheiro na sua vida e merece a resposta que qualquer investidor em potencial, mais ou menos inteligente, provavelmente lhe dará.

Assim, todas as coisas com as quais os investidores e os gerentes de banco se preocupam são importantes. Não porque o dinheiro faça diferença num nível material, mas porque ele reflete a qualidade energética da nossa vida. Lidar com o detalhe também tem valor como uma ferramenta para aguçar a mente. Ele fornece a ela algo para manipular e a mantém totalmente límpida.

CRESCEM AS PESSOAS, CRESCEM OS NEGÓCIOS

Por fim, seu próprio negócio é um dos melhores lugares para você se conhecer melhor através dos seus relacionamentos pessoais. Aquilo que considera difícil nos seus relacionamentos mais íntimos se reflete na maneira como você se porta no trabalho. E quando trabalha por conta própria, por inúmeras razões, você se relaciona com muito mais pessoas. A maneira como as pessoas vêem você e o nível da sua interação com quase todas elas se transforma. (É preciso que se diga que algumas pessoas se interessam de uma forma doentia pelo que você está fazendo, embora até mesmo elas possam ser encaradas como testes e incentivos a um empenho mais elevado. No mínimo, oferecem mais desafios à sua capacidade de amar incondicionalmente.)

Para poder se relacionar com as outras pessoas de um modo satisfatório, é preciso que tenha um bom relacionamento consigo mesmo. As outras pessoas fornecem permanentemente elementos sobre os quais você pode trabalhar — fracasso, rejeição, conflito, desapontamento, humilhação, dívidas e surpresas agradáveis. Elas são agentes de um *feedback* universal, as mãos e os pés dos anjos! Em virtude do estreito relacionamento existente entre o amor e o dinheiro, o trabalho que você desenvolve nos relacionamentos, passando a amar a si mesmo e aos outros, faz com que o dinheiro flua na sua direção. Como o dinheiro é apenas um substituto para o amor, o processo não funciona no sentido inverso — trabalhar o dinheiro não exerce praticamente nenhum efeito sobre o seu saldo bancário amoroso!

A chave para a comunicação e a promoção eficaz de vendas é o amor, que o liga consigo mesmo e integra todo o seu ser. Se você não for autêntico, não for você mesmo, sua energia não estabelecerá uma relação com o exterior e o impedirá de passar adiante a sua mensagem. Enquanto não disser "Sim" para si mesmo, a gerência em equipe é impossível, mas à medida que você aprende a lidar consigo mesmo e se torna completo, pode jogar fora quase todos os livros sobre o assunto. O elemento que mantém um grupo unido é o mesmo que mantém unido qualquer relacionamento — a preocupação constante com o bem-estar do outro e com o seu próprio. Como trabalhar por conta própria lhe proporciona muitas oportunidades de crescer e ser você mesmo, você passa a se relacionar primeiro consigo mesmo, depois com os outros, depois com a comunidade num âmbito mais vasto e finalmente com o planeta. Você se tornará parte da transição global do medo e do conflito para o amor e a abundância.

Tudo isso acontece nas pequenas empresas e negócios, porque *tem* que acontecer. 80% dos novos negócios fracassam em dois anos, mas 80% dos novos negócios não buscam a cooperação das agências de treinamento e de apoio. Há uma estreita ligação entre esses números. Alguns negócios são bem-sucedidos em virtude de uma mera determinação, mas ser receptivo à vulnerabilidade, ao aprendizado, ao crescimento, às transições importantes e à mudança favorece um caminho mais seguro, aquele que foi descrito neste capítulo.

Também é possível aplicar essa abordagem de crescimento pessoal ao trabalho nas companhias de grande porte. Com efeito, nos próximos 25 anos podemos esperar que ele se torne a norma. Em 1982, Sir John Harvey-Jones, Presidente da ICI, declarou: "No momento, a ICI UK tem 66.000 empregados; no ano 2015, espero que a empresa vá empregar cerca de 3.000 pessoas em tempo integral e uma grande quantidade em tempo parcial." Cinco anos depois, 18.000 posições fixas já haviam sido extintas, e muitas delas em função do apoio dado às pessoas para que passassem a trabalhar por conta própria e seguissem outros caminhos de crescimento pessoal. (Extraído de *Millenium 2000* de autoria de Francis Kinsman.)

Se 95% da ICI deverá ser formado por empregados de tempo parcial, por que não todo o mundo industrial? E, se for assim, por que esperar 25 anos para descobrir o que as grandes companhias só parecem ter a oferecer quando as deixamos? Em outras palavras, abundância em vez de simplesmente prosperidade.

O trabalho, especialmente o trabalho por conta própria, nos proporciona uma fonte crucial de reflexão a respeito de quem somos, de como estamos atuando e de como estamos nos comportando com relação à verdade, ao compromisso e à criação conjunta. Esta é a essência do empreendimento holístico, o foco central das atividades do The Breakthrough Centre que é a base de teste para todos os conceitos deste livro.

À medida que você for colocando esses conceitos em prática, é aconselhável que procure apoio, se relacione com outras pessoas que estão no mesmo caminho que você, descubra como elas desenvolveram novas formas de trabalho. Faz sentido trabalhar *para* si mesmo. Trabalhar *sobre sobre* si mesmo o torna humano. Trabalhar *sozinho* apenas o faz infeliz. Una-se portanto aos outros. Torne-se parte da rede de empreendimentos holísticos. A grama *é* realmente mais verde do outro lado desta cerca!

O trabalho é um lugar que cada um de nós cria para poder crescer.

Posfácio

Trabalhando para o Planeta

O planeta trabalha arduamente para nós. Quando trabalhamos com a abundância, retribuímos o favor: trabalhamos em prol do planeta.

O Movimento Ecológico gira basicamente em torno do nosso relacionamento uns com os outros e com nós mesmos. O que magoa o planeta também nos magoa quando nos relacionamos com ele: para isso, é preciso que nos relacionemos com nós mesmos. O trabalho que fazemos em nós mesmos nos abre para uma consciência do nosso ambiente e para uma ligação com ele. Enquanto nos concentramos exclusivamente nas nossas metas egoístas, nada mais penetra na nossa consciência. Egoísmo é trabalhar para si mesmo sem trabalhar em si mesmo: isso o mantém separado. Trabalhar com a abundância faz com que você se relacione.

Nós nos realizamos na Idade da Abundância sem ferir os outros. Satisfazemos as nossas necessidades sem servirmos de instrumento para a nossa ganância. Buscamos com elegância os recursos adequados vivendo com moderação. Aplicamos a sabedoria que surge com os anos.

A FUTILIDADE DOS DESEJOS HUMANOS

Quando tentamos explicar aos outros essa sabedoria deparamos com dois problemas principais. Precisamos convencer aqueles que se dispõem a obter para si mesmos o nosso exagerado estilo de vida ocidental de que eles estão lidando com uma miragem inatingível e que não vale a pena ser alcançada. Além disso, precisamos explicar por que a abundância não é infinita. O famoso ditado de Ghandi que diz que há o suficiente para a necessidade de todos os homens, mas não para a ganância de todos os homens, responde às duas questões. Ele salientou ainda que foram necessários todos os recursos do planeta para alimentar o estilo de vida britânico, e que não existem planetas suficientes para transferir esse estilo de vida para a Índia. Juvenal, na sua sátira sobre a futilidade dos desejos humanos, escrita há quase 2 mil anos, concluiu que tudo que devemos procurar é "*mens sana in corpore sano*". Nada mais tem valor.

Há 200 anos vimos despojando o planeta de suas riquezas para criar um "elevado" padrão de vida para uma pequena parcela da população mundial. Veneramos e fizemos da riqueza o nosso único bem realmente valioso. Estamos surpresos agora ao descobrir que os outros 99% do mundo também querem uma fatia do nosso bolo. Teremos que nos desculpar com eles pelos nossos crimes, pagar o preço devido e admitir que nós, os grandes senhores brancos, estávamos totalmente enganados. Precisamos devolver o que roubamos e aceitar um padrão de vida inferior, porque "superior" é raso e "inferior" é mais profundo. Esse ato de contrição será excelente para o nosso crescimento espiritual.

O problema é que aqueles que precisam contribuir mais para esse processo são exatamente os que estão menos qualificados para fazê-lo — os baluartes imponentes da sociedade voltada para o exterior e movida pelo símbolo da posição social. A grande tragédia do movimento ambiental é que ele precisa lutar contra o preconceito egoísta daqueles que estão no poder, de forma que os ativistas do movimento podem se sentir inadequados e enfraquecidos num nível prático e material.

Numa tentativa de neutralizar essa situação, esforcei-me por me concentrar, neste livro, naquilo que você, e creio que qualquer pessoa, pode fazer a partir de hoje para exercer um impacto na própria vida, na certeza de que essa influência alcançará o coletivo. O poder interno sempre sairá vitorioso, porque os troféus do poder externo não têm nenhum valor para os seguidores do poder interno. O poder externo não compreende o interno e, portanto, não pode combatê-lo. O poder interno vence no interior e, aos poucos, domina o exterior. Temos de persistir.

Muito para tomar conta

Um dos argumentos contrários ao conceito de que estamos na Idade da Abundância é que a abundância é "por definição" infinita. Não há, portanto, com o que nos preocuparmos e não precisamos limitar os nossos objetivos materiais. Este é o terreno da consciência da prosperidade (ver Capítulo 4). Precisamos informar que os limites da abundância do planeta são auto-impostos. Quando desperdiçamos o que temos, quando temos mais do que necessitamos e somos perdulários, quando somos administradores ineficazes, quando somos irresponsáveis e abusamos do planeta, destruímos sua capacidade de abundância.

Nesse sentido, o nosso trabalho interior, a nossa autoconsciência, responsabilidade e autodomínio, a nossa ênfase nos valores internos e na preocupação com o meio ambiente *criam* abundância. Nós a criamos no sentido de que não destruímos sua dádiva natural.

A obsessão com o crescimento exterior é um beco sem saída. O crescimento interior responsável, que não fere os outros nem nos faz enriquecer à custa deles, permite que a abundância entre na nossa vida. À medida que nos preocupamos em ser bons cidadãos planetários, damos a nossa contribuição ao projeto ambiental de uma nova e sólida economia. Se nos concentrarmos no que é adequado para o meio ambiente, colocaremos a economia em ordem. Aliás, isso já começou a acontecer.

Um ponto de contato

O mais perto que chegamos de encontrar um ponto de contato tem sido a crescente preocupação com as questões ambientais. É como se nós, seres humanos, tivéssemos sido preparados para suportar a perda da nossa sensibilidade e a restrição à nossa liberdade de sermos autênticos, mas agora, que a vida no planeta está em perigo, tivéssemos chegado ao nosso limite. O futuro do planeta é uma questão que os dois lados podem entender e na qual podem se envolver, cada um a partir da sua perspectiva particular. Embora a maior parte da reação tenha sido superficial e uma parcela dela até mesmo francamente desonesta, as duas perspectivas podem começar a se unir. O Movimento Ecológico fornece um excelente modelo de como poderá ser a década de 90 e o século XXI. Ele atingiu a maioridade através da determinação de algumas pessoas dedicadas, não a partir de um processo extremamente organizado. Ele aconteceu no coração e na mente dos seres humanos. Suas raízes repousam em pequenas preocupações em escala humana com relação ao desperdício, à injustiça, ao descuido e ao reconhecimento da necessidade de vivermos com moderação e em harmonia com a natureza; ele surgiu apesar do governo e das grandes concentrações de poder. Ele demonstrou o poder do indivíduo de mudar a sociedade, o poder do espírito de mover montanhas. Acima de tudo, ele revelou a possibilidade de que preocupar-se com as coisas, enxergar além das imposições do crescimento e responder às exigências da justiça natural não são incompatíveis com as estratégias econômicas e de mercado.

O TRABALHO ECOLÓGICO

Trabalhamos para o planeta quando nos dedicamos de corpo e alma a viver a nossa visão, contribuindo positivamente com a nossa energia para o grande plano. Ao fazê-lo, passamos a nos relacionar com o nosso ambiente. Enquanto o nosso impacto for benéfico e sensível, estaremos do lado dos anjos.

Reciclar o papel, usar gasolina sem chumbo, ter cuidado com o material usado (por exemplo, madeira de construção) e poupar energia são coisas boas a serem feitas e temas positivos da campanha. São com freqüência um ponto inicial de contato para os novatos no pensamento ecológico. Mas precisamos ir muito mais além e nos aprofundar muito mais. Precisamos usar muito *menos* papel, detergente, gasolina e madeira, e os fabricantes têm de nos encorajar a comprar menos produtos. Precisamos ficar mais tempo com o mesmo carro ou, se possível, deixar de ter um. Em vez de trocar a televisão, equipamento de som, geladeira, fogão, cama, mobiliário, roupas e todo o resto a cada três ou cinco anos, precisamos pensar em comprar coisas que nos farão companhia por trinta ou cinqüenta anos, substituindo portanto a produção pela manutenção e reciclagem.

Ao fazer compras deveríamos, sempre que possível, comprar bens e alimentos produzidos no local, pois eles contêm um *input* menor de energia; afinal não percorreram uma longa distância. E a alimentação vegetariana, sem a ingestão de produtos de laticínio, é uma tendência necessária porque é dez vezes mais caro produzir a proteína animal do que a proteína derivada dos cereais ou dos legumes.

Também precisamos reciclar os prédios, usando de outras maneiras as antigas instalações industriais, e erguendo novas construções apenas quando cada edificação num raio de 16 quilômetros estiver completamente aproveitada. De um modo geral, precisamos ocupar apenas o que realmente precisamos, como famílias ou empresas.

Estas são áreas nas quais tanto os indivíduos quanto as companhias podem exercer um impacto. Repare como as atitudes podem mudar rapidamente quando existe a vontade de fazê-lo: observe a mudança de atitude com relação aos casacos de pele, ao uso dos cintos de segurança e ao fumo em lugares públicos. Essas atitudes foram totalmente revertidas em dez anos. O mesmo é possível quanto ao pensamento ecológico.

Mesmo quando tudo que pode ser feito no nível material já tiver sido feito, ainda teremos um longo caminho a percorrer. Um produto (serviço ou companhia) só pode ser considerado ecológico quando gera um espaço no qual todos seus empregados podem crescer tanto emocional quanto espiritualmente, bem como financeira e mentalmente. Negar o espírito humano através de estruturas administrativas hierárquicas, acordos que interferem na relação com os clientes, distribuição desigual do poder e da propriedade, e deixar de fornecer escoadouros para a criatividade e a auto-estima impede que qualquer empresa possa reivindicar ser ecológica, holística ou ética.

Precisamos trabalhar com responsabilidade e integridade para sermos bons cidadãos planetários.

O equilíbrio holístico

Tudo gira em torno de alcançar um equilíbrio entre as nossas ambições e as nossas responsabilidades. Você terá encontrado esse equilíbrio quando:

- pede apenas o que quer e não mais do que absolutamente necessita;
- acredita que merece ser abundante e não mais abundante do que qualquer outra pessoa;

- usa o tempo e os recursos com eficiência e não é mesquinho com o seu tempo e os seus recursos;
- é um bom administrador e não é obsessivo com relação às aparências;
- cobra o preço de mercado pelos seus serviços e é flexível com relação às circunstâncias das pessoas;
- leva em conta o lucro e o distribui em prol da riqueza comum;
- inclui no seu trabalho o profissionalismo e a graça de Deus.

UM CÓDIGO DE ÉTICA

Uma excelente declaração da atuação desse equilíbrio nos negócios é o Código de Ética elaborado pela Findhorn Bay Business Network na Escócia. Todos deveríamos aderir a ela.

Código da Ética da Findhorn Bay Business Network

Integridade e alinhamento individual

Os membros alcançam elevados padrões de integridade pessoal. Os membros valorizam e procuram incorporar os atributos da honestidade, da solidariedade, da espiritualidade e da honestidade. Os membros procuram demonstrar, em vez de comentar essas qualidades. Os membros reconhecem que a intuição e a ligação com uma fonte superior são ferramentas que devem ser usadas em conjunto com a comunicação ativa entre os companheiros de trabalho e os clientes para garantir que os negócios se tornem um meio de vida correto.

Competência profissional

Os membros se orgulham do seu trabalho, se esforçam por fornecer ótimos produtos e serviços aos seus clientes e oferecem excelência em troca de dinheiro. Os membros propõem-se a criar produtos e serviços que deixam ambas as partes com um sentimento de satisfação e de benefício mútuo.

Responsabilidade pessoal

Os membros assumem total responsabilidade pelos bens e serviços que fornecem e procuram expressar seus valores pessoais através do trabalho. Os membros tentam alcançar um equilíbrio entre as suas necessidades e valores pessoais e os dos seus clientes.

A qualidade da vida profissional

Os membros se propõem a criar um ambiente de trabalho no qual o indivíduo seja respeitado, apoiado e valorizado. O ambiente de trabalho deve ser um "espaço livre" no qual a tarefa de proporcionar um serviço de qualidade seja proeminente. Métodos e ferramentas como a resolução de conflitos e a "harmonização" são usados na criação desse espaço livre.

Uma atmosfera de confiança permite que a delegação de poderes seja a forma normal de trabalho, o que permite que cada indivíduo contribua com o seu pleno potencial.

A propriedade

Os membros reconhecem que o apego à propriedade muitas vezes pode impedir a plena participação dos companheiros de trabalho e dos proprietários, de modo que estão ativamente buscando maneiras de criar estruturas de negócios mais justas e satisfatórias embora ainda reconheçam a validade das estruturas aprovadas e comprovadas.

A responsabilidade social

Os membros se esforçam por usar suas habilidades e ocupações para contribuir para a qualidade de vida e do ambiente de todos os seres deste planeta. Os membros tentam criar situações em todos os seus relacionamentos nas quais todos são vencedores.

Consciência global

Os membros compreendem que a Terra possui recursos limitados e estão comprometidos em manter um planeta saudável e produtivo. Eles se propõem a assumir a responsabilidade pelos efeitos causados no meio ambiente por suas atividades profissionais. Os membros estão conscientes do princípio que diz que negócios sólidos são desenvolvidos para satisfazer necessidades genuínas.

A Findhorn Bay Business Network é administrada por Judith Meynell, Minton House, Findhorn, Moray. Judith também administra um programa contínuo de treinamento e desenvolvimento para companhias denominado "O Espírito dos Negócios", que está na vanguarda da nova consciência no treinamento para as companhias.

A QUINTA COLUNA

Não temos nenhuma deficiência de exemplos no momento, de pessoas que marcharam ao som de um ritmo diferente. Torna-se cada vez mais seguro e normal seguir esta voz interior.

Como é o *seu desempenho*? De que modo as suas percepções estão se modificando? Este pode ser um bom momento para você voltar ao Capítulo 2 e preencher a quinta coluna do questionário da auto-avaliação. Esta coluna mede o impacto dos seus sistemas de crenças quando você está em contato com sua voz interior, fortalecido e repleto de esperanças para si mesmo e para a humanidade. Ela também mede o quanto você mudou lendo este livro e deixando a abundância fluir. Junte-se à quinta coluna! Mude a sociedade de dentro para fora.

Como fazer isso? Como levar seu trabalho interior ao confuso domínio da política e dos negócios? Deixemos a palavra final com Eileen Caddy, co-fundadora da Findhorn Foudation na Escócia. No final da sua conferência sobre liderança intuitiva em 1990, Eileen apresentou uma imagem de como introduzir mais amplamente esses conceitos. Ela formulou uma simples analogia.

"Não tente arrancar de uma criança um brinquedo velho e gasto", disse ela. "Ela adora o brinquedo velho e resistirá violentamente. Simplesmente ponha o novo brinquedo ao lado do velho. Ele poderá ser rejeitado ou jogado fora. Ofereça-o novamente, repetidas vezes. Aí então, quando a criança se cansar do seu brinquedo velho e sujo, o novo já estará presente, já lhe será familiar e seguro."

"Você não pode forçar as pessoas a mudar, e não deve fazê-lo. Elas têm fome de amor e intuição."

Se não formos nós, quem será?
Se não for aqui, onde será?
Se não for agora, quando será?
Se não for através da verdade e do amor, como será?

Onde quer que você esteja, é um bom lugar para começar.

Bibliografia

Esta relação inclui livros que consultei e citei, bem como livros que foram importantes para o meu desenvolvimento pessoal. Sempre que possível, também incluí livros escritos por pessoas cujas palestras, seminários ou fitas mencionei nesta obra.

Assagioli, Roberto, *Psychosynthesis,* Turnstone Press, 1965. [*Psicossíntese*. Editora Cultrix, São Paulo, 1982.]

Berne, Eric, *Games People Play*, Penguin, 1964.

Blanchard, Kenneth/Johnson, Spencer *The One Minute Manager*, William Morrow, 1982.

Bloom, William, *Meditation in a Changing World*, Gothic Image, 1987.

Bradley, Marion, *The Mists of Avalon*, Sphere, 1983.

Caddy, Eileen, *Foundations of A Spiritual Community*, Findhorn Press, 1978; *Opening Doors Within*, Findhorn Press, 1987; *Flight into Freedom*, Element, 1988.

Clark, Jonathan, *The Barefoot Accountant*, Brewin, 1990.

Damian-Knight, Guy, *The I Ching on Business and Decision Making*, Century, 1986.

Dass, Ram, *Journey of Avakening*, Bantam, 1978.

Dass, Ram/Gorman, *How Can I Help? — Emotional Support and Spiritual Inspiration for Those Who Love*, Century, 1989.

Dauncey, Guy, *After the Crash*, Green Print, 1988.

de Bono, Edward, *Opportunities*, Penguin, 1978.

Eisler, Riane, *The Chalice and The Blade*, Harper & Row, 1987.

Ferguson, Marilyn, *The Aquarian Conspiracy*, Routledge and Kegan Paul, 1981.

Fromm, Erich, *To Have or To Be*, Abacus, 1978.

Gibran, Kahlil, *The Prophet*, Heinemann, 1926.

Handy, Charles, *Future of Work: A Guide to a Changing Society*, Blackwell, 1984; *Waiting for the Mountain to Move: And Other Reflections on Life*, Arrow, 1992.

Harland, Maddy/Finn, Glen, *Healthy Business,* Hyden House, 1990.

Harris, Thomas, *I'm OK — You're OK*, Pan, 1970.

Heider, John, *The Tao of Leadership*, Wildwood House, 1985. [*O Tao e a Realização Pessoal*, Editora Pensamento, São Paulo, 1986.]

Hill, Napoleon, *Think and Grow Rich*, Wilshire, 1937.

Hills, Christopher, *Nuclear Evolution*, University of the Trees, Boulder Creek, 1977.

Icke, David, *It Doesn't Have To Be Like This: Green Politics Explained*, Green Print, 1990.

Inglis, Mary/Kramer, Sandra (orgs.), *The New Economic Agenda*, Findhorn Press, 1985.

Jampolsky, Gerry, *Love is Letting Go of Fear*, Celestial Arts, 1979.

Kinsman, Francis, *Millennium 2000*. W. H. Allen, 1990.

Lessem, Ronnie, *Enterprise Development*, Gower, 1986; *Developmental Management: Principles of Holistic Business*, Blackwell, 1990.

Miller, Harley & Cally, *Quality Cards*, Hill Crest Enterprises, 1984.

Moss, Richard, *The I That Is We*, Celestial Arts, 1981; *The Black Butterfly*, Celestial Arts, 1987.

Murray, W. H., *The Scottish Himalayan Expedition*, J. H. Dent, 1951.

Naisbitt, John, *Megatrends*, Futura, 1984.

Peck, Scott, *The Road Less Travelled*, Hutchinson, 1978.

Russell, Peter, *The White Hole in Time*, Aquarian/Thorsons, 1992.

Sheehy, Gail, *Pathfinders*, Bantam, 1981.

Spangler, David, *The Laws of Manifestation*, Findhorn Pubs., 1975.

Spangler et al, *Reimagination of the World: Critique of the New Age, Science and Popular Culture*, Bear & Co, USA, 1991.

Toffler, Alvim, *The Third Wave*, Pan, 1980.

Trevelyan, George, *Vision of the Aquarian Age*, Coventure, 1977; *Aquarian Redemption*, Gatenay, 1991.

Wilhelm, Richard, *I Ching* (tradução), Routledge and Kegan Paul, 1951. [*I Ching, O Livro das Mutações*, Editora Pensamento, São Paulo, 1983.]

Alguns destes livros estão esgotados. Algumas bibliotecas e livrarias especializadas com seções de segunda mão poderão ser úteis.

Relaciono a seguir três livrarias especializadas:

Watkins
19 — 21 Cecil Court
London WC2N 4EZ
071-836 2182

Quest Books
River House
46 Lea Road
Waltham Abbey
Essex EN9 1AJ
0992 88771

Compendium Books
234 Camden High Street
London NW1
071-267 1525

THE BREAKTHROUGH CENTRE

TRABALHANDO EM BENEFÍCIO PRÓPRIO?

- Administrando seu próprio empreendimento holístico?
- Trabalhando como *Freelance*, em tempo parcial ou por conta própria?
- Crescimento pessoal no emprego?

Se você acha importante combinar os valores ecológicos, éticos, holísticos e o crescimento pessoal com o seu trabalho, deve procurar logo o *The Breakthrough Centre.*

Fundado em 1988 por Andrew Ferguson, autor de *Criando Abundância*, este Centro é um ponto físico de concentração para aqueles que assumem a responsabilidade por sua própria vida trabalhando por conta própria e através de outros trajetos de crescimento pessoal. Ele oferece:

- Uma grande variedade de seminários sobre negócios, relacionamentos e questões pessoais;

- O Breakthrought Club, uma próspera rede de empreendimentos holísticos, oferece ajuda por telefone, intercomunicação e grandes descontos nos serviços do Centro;

- Seminários apresentados por membros da Findhorn Foundation e de outras entidades;

- Meditação mensal gratuita aberta a todos;

- Treinamento e serviços de aconselhamento para centros e companhias de um modo geral.

PARA DETALHES SOBRE A PROGRAMAÇÃO ATUAL
Entre em Contato com o **THE BREAKTHROUGH TEAM**
através do telefone 081-749 8525
(Internacional: +44 81 749 8525)
Ou escreva para
The Breakthrough Centre
7 Poplar Mews, Uxbridge Road, Shepherds Bush,
London W12 7JS, England

O TAO E A REALIZAÇÃO PESSOAL

O Tao Te Ching de Lao-Tsé adaptado para a época atual

John Heider

Na tradução de John Heider, *Tao Te Ching* — ou *Tao Te King* — significa: Livro (*Ching*) de Como (*Tao*) as Coisas Acontecem ou Funcionam (*Te*).

A obra de Lao-Tsé dirigia-se originalmente aos sábios líderes políticos da antiga China. Mas na leitura que agora é feita pelo professor e psicólogo John Heider, o que é colocado em destaque é a aplicação dessa sabedoria milenar na vida do homem moderno, do indivíduo em busca de realização pessoal.

A aplicabilidade do *Tao Te Ching* na orientação de uma nova geração de líderes — no seio da família ou do grupo, na igreja, na escola, no clube, nos negócios, na administração pública, política ou militar — explica o êxito desta nova versão, entre cujos méritos está o de fazer com que novas gerações de leitores tenham um primeiro contato com esta obra que faz parte da pequena lista de textos clássicos que condensam em suas páginas momentos raríssimos da inteligência humana.

EDITORA CULTRIX

O DINHEIRO É MEU AMIGO

Phil Laut

DESCUBRA COMO O PRINCÍPIO DO PRAZER PODE AJUDAR VOCÊ A OBTER LUCRO, ESTABELECER SÓLIDAS BASES FINANCEIRAS E CRIAR UM FUTURO PRÓSPERO PARA SI E PARA A SUA FAMÍLIA.

Ganhar dinheiro pode ser uma atividade divertida, fascinante e criativa. Phil Laut, cujos seminários sobre finanças têm ajudado milhares de pessoas, em todos os ramos da vida, a aumentar impressionantemente seus rendimentos, demonstra como você pode superar os obstáculos principais para ganhar dinheiro: a culpa, o medo e os sentimentos de impotência ou de pressão.

Uma vez que você tiver feito do dinheiro seu amigo, irá descobrir que aumentar sua renda é uma simples questão de usar a imaginação.

Neste livro, único no gênero, você encontrará exercícios e testes para ajudá-lo a entender e a utilizar:

(\$) As quatro Leis da Riqueza (\$) O método de seis passos para desenvolver um objetivo na vida (\$) O plano de sete estágios para encontrar a carreira perfeita para você (\$) As doze técnicas para criar uma nova imagem de si mesmo (\$) As quinze afirmações para mudar sua mancira de pensar sobre o dinheiro (\$) E muito mais!

EDITORA PENSAMENTO

CRIANDO DINHEIRO E PROSPERIDADE

Sanaya Roman e *Duane Packer, Ph.D.*

Este livro ensina passo a passo como criar dinheiro e prosperidade e foi revelado aos autores por seus guias espirituais, Orin e DaBen, através de um processo de canalização. Usando os processos simples contidos em *Criando Dinheiro e Prosperidade*, qualquer pessoa poderá manifestar prosperidade e criar a missão da sua vida. Além disso, obterá resultados imediatos quando aprender a:

- seguir as leis espirituais do dinheiro e da abundância;
- desenvolver um pensamento livre de limitações;
- ouvir seu guia interior;
- usar técnicas avançadas de manifestação;
- criar a missão da sua vida;
- transformar suas crenças;
- magnetizar e atrair para si aquilo que deseja.

A abundância ou prosperidade é o estado natural do ser humano. À medida que for usando as orientações e informações deste livro, o leitor irá aprendendo a fazer com que o dinheiro flua facilmente e, além do mais, fazendo aquilo que gosta de fazer.

Criando Dinheiro e Prosperidade contém técnicas simples, afirmações positivas e exercícios originais para criar mudanças rápidas no seu nível de prosperidade. Trabalhando com energia para concretizar seus desejos, o leitor também aprenderá a fortalecer sua ligação com a infinita riqueza que existe no Universo e que está à sua disposição.

* * *

Livros de Sanaya Roman da série *A Vida na Terra*:

— *Vivendo com Alegria - Chaves para a Conquista do Poder Pessoal e da Transformação Espiritual.*

— *O Poder Pessoal Através da Consciência.*

— *Crescimento Espiritual - O Despertar do seu Eu Superior.*

EDITORA PENSAMENTO

VIVA UMA VIDA DE PROSPERIDADE

Kenneth Thurston Hurst

Eis aqui alguns métodos práticos e fáceis de compreender que você poderá adotar de imediato para solucionar os problemas diários e extrair o máximo da vida. Aprenda como desbloquear o seu verdadeiro EU, aprenda como realizar o melhor numa existência palpitante de energia.

Conceitos práticos que facilmente podem ser incorporados à vida do leitor são agrupados em temas como os que enumeramos a seguir:

- Cinco instruções para aprimorar sua consciência da prosperidade;
- Dez maneiras para ter um grande dia;
- Como se livrar do medo e da angústia;
- Como se programar para o sucesso;
- Melhore sua saúde e seu bem-estar;
- A Lei da Atração — como fazê-la trabalhar em seu favor;
- Como conseguir um emprego melhor e progredir nele mais rapidamente;
- Aproveite mais a vida e dê o melhor de si;
- Aprenda a conviver melhor com os outros.

* * *

Kenneth Thurston Hurst aposentou-se recentemente como presidente da grande casa editora Prentice-Hall. No momento, divide o seu tempo entre outros cursos de editoração e pesquisas, palestras e a redação de artigos sobre temas espirituais. Neste livro, ele revela as técnicas que o transformaram num executivo bem-sucedido.

"A singularidade do livro provém da clareza concisa dos temas tratados e da magnífica demonstração de como o próprio autor aplica esses princípios na sua vida. Trata-se de obra excelente em sua espécie e quem quer que faça o devido esforço poderá de fato iluminar sua vida pondo em prática os princípios simples que ele prescreve. *Altamente recomendável!*"

Charles C. Wise, Jr., *Spiritual Frontier Journal*

"Kenneth Thurston Hurst é uma dessas pessoas raras que combinam espiritualidade e negócios em sua vida de forma tal que ambos ficam enriquecidos pelas suas contribuições à arte de escrever, de viver e de ensinar. Ele mostra como aplicar princípios espirituais no mundo de hoje."

Elizabeth Wall Fenske, presidente da Spiritual Frontiers Fellowship.

EDITORA PENSAMENTO

Outras obras de interesse:

VIVENDO COM ALEGRIA
Sanaya Roman

CRIANDO DINHEIRO E PROSPERIDADE
Sanaya Roman e *Duane Packer*

O DINHEIRO É MEU AMIGO
Phil Laut

GUIA PARA O CONHECIMENTO DE SI MESMO
Angela Maria La Sala Batà

A BUSCA - Uma Jornada pelo Caminho Interior
Jean Sulzberger (org.)

COMO SUPERAR NOSSAS BARREIRAS
Will Parfitt

COMO SUPERAR O STRESS
Treinamento Autógeno
Dr. H. Lindemann

ENSAIOS DE SOBREVIVÊNCIA
Daryl Sharp

O DESAFIO DO DESTINO
Thorwald Dethlefsen

I CHING - O Livro das Mutações
Richard Wilhelm (org.)

IMAGINAÇÃO ATIVA
Serge King

INTUIÇÕES
Theresa Winter

JORNADA RUMO À CONSCIÊNCIA - Os Chakras, o Tantra e a Psicologia Junguiana
Charles Breaux

O MISTÉRIO DA INTUIÇÃO
Brian Inglis

UMA LIÇÃO DE VIDA
Meir Schneider

A DÁDIVA DA ESPERANÇA
Robert Veninga

UM CAMINHO PARA COMEÇAR DE NOVO
Ingrid Olbricht e *Ursula Baumgardt*

COMO CONFIAR EM SI E VIVER MELHOR
Norman Vincent Peale

O TRABALHO CRIATIVO
Harman e *Horman*

Peça catálogo gratuito à
EDITORA CULTRIX
Rua Dr. Mário Vicente, 374 - Fone 272-1399
04270-000 - São Paulo, SP